近现代山东城市文化研究

王颖 盖志芳 【著】

河海大学出版社
·南京·

图书在版编目（CIP）数据

近现代山东城市文化研究 / 王颖，盖志芳著. -- 南京：河海大学出版社，2023.5
ISBN 978-7-5630-7398-6

Ⅰ. ①近… Ⅱ. ①王… ②盖… Ⅲ. ①城市文化－文化史－研究－山东－近现代 Ⅳ. ①K295.2

中国版本图书馆CIP数据核字(2021)第278706号

书　　名 /	近现代山东城市文化研究
	JINXIANDAI SHANDONG CHENGSHI WENHUA YANJIU
书　　号 /	ISBN 978-7-5630-7398-6
责任编辑 /	毛积孝
特约编辑 /	杨雪天
特约校对 /	王春兰
装帧设计 /	刘昌凤
出版发行 /	河海大学出版社
地　　址 /	南京市西康路1号（邮编：210098）
电　　话 /	（025）83737852（总编室）
	（025）83722833（营销部）
经　　销 /	全国新华书店
印　　刷 /	北京众意鑫成科技有限公司
开　　本 /	880mm×1230mm　1/32
印　　张 /	5
字　　数 /	145千字
版　　次 /	2023年5月第1版
印　　次 /	2023年5月第1次印刷
定　　价 /	79.80元

目录 Contents

第一章　城市文化概论　001

第二章　源远流长、博大精深——传统文化与山东城市　021

第三章　欧美风雨、西学东渐——近代交通发展与山东城市文化　055

第四章　创造转型、熔古铸今——山东城市文化的现代化　084

后　记　152

第一章 城市文化概论

在考察山东的城市文化之前,我们有必要阐述一下"城市文化"的基本内涵。只有厘清这一概念,才能更好地说明山东的城市文化特色。

一、城市文化的内涵

"城市"这个大家耳熟能详的名词,其含义颇多。当前学术界对城市的研究视角多种多样,有经济视角、社会视角、地理视角、历史视角、文化视角等。着眼点的差异,使得大家的研究内容迥然不同。本章从历史视角出发,主要从城市兴起、发展、壮大的时间脉络来探索"城市"的内涵和外延。即便视角集中,想要说清楚在漫长的发展长河中,究竟从什么时期开始把出现的人口密集区域称为城市,也是个见仁见智的问题。

(一)何谓"城市"

城市是人类文明的产物。早在原始社会就存在着氏族、部落等人类的聚居群体,他们以这种形式共同劳动、共同分享劳动成果。随着生产力的提高以及生产技术的发展,劳动产品开始出现剩余,于是出现了产品交换。频繁而固定的交换活动促进了集市的产生。这就是"市"的来源,也就是我们经常使用到的"市场"的含义。

早在春秋战国时期，我国古代典籍中已经出现了"城市"的字样。

当然，古之"城市"较之今天，在内涵上还是有很大差异的。《现代汉语词典（第7版）》这样解释"城市"：人口集中、工商业发达、居民以非农业人口为主的地区，通常是周围地区的政治、经济、文化中心。一般而言，"城市"是与"乡村"对应的概念，也就是说，城市是摆脱农耕文明，进入现代工业社会的产物。在城市中，人口的构成发生了变化，城市的人口不再是血缘成分的繁衍，或者说不具有血缘繁衍的功能；同时，城市出现了以居住而不是以亲属关系为基础的政治组织，即社区性的管理组织代替了族权组织。

现在我们不能想象如果没有商品交易，城市何以存在。从城市的产生时间线来看，"城"与"市"并非同时出现，二者是两个层面上的概念，"市"先于"城"出现。"城"与我们平日讲到的"城堡""城墙""都城"有关，它是用围墙圈起来的属于统治者及部分上层人士生活和居住的区域。这个阶层的人通常不会到乡下购买物品，但是他们同样需要粮食、布匹等生活必需品，因此依附于城墙之下便出现了一个交易之所，久而久之成为固定的集市，进而发展为市场。最初的集市是三五日一次，后来场所固定化，甚至有了专门从事这一行业的商人。此后，"城"和"市"日渐成为一个整体。

（二）何谓"文化"

"文"通"纹"，本义指各色交错的纹理。《礼记·乐记》有言："五色成文而不乱。"句中的"文"使用的就是这一含义。而"化"，本义为改易、生成、造化。此义可见于《庄子·逍遥游》中"化而为鸟，其名为鹏"。而"文"与"化"并联使用，较早见之于战国末年儒生编的《易传·象传上·贲》:"观乎天文,以察时变;观乎人文,以化成天下。"后来引申为人文教化。

今天我们是这样来理解文化的:文化是指一个国家或民族的历史、地理、风土人情、传统习俗、生活方式、文学艺术、行为规范、思维方式、价值观念等。从现代意义上来讲,文化是一个无所不包的极为宽泛的概念。因此,对文化的研究做一个限定是有必要的。

二、城市的起源

中西方国家城市面貌可能不同,出现的时间也有早有晚,但是城市出现的原因大致是相同的。

(一)城市产生的原因

恩格斯对于城市起源的论述最为经典,他说:"大工业企业需要许多工人在一个建筑物里面共同劳动;这些工人必须住在近处,甚至在不大的工厂近旁,他们也会形成一个完整的村镇。他们都有一定的需要,还必须有其他的人,于是手工业者、裁缝、鞋匠、面包师、泥瓦匠、木匠都搬到这里来了。这种村镇里的居民,特别是年轻的一代,逐渐习惯于工厂工作,逐渐熟悉这种工作;当第一个工厂很自然地已经不能保证一切希望工作的人都有工作的时候,工资就下降,结果就是新的厂主搬到这里来。于是村镇就变成了小城市,而小城市又变成大城市。"[1]

---

[1]《英国工人阶级状况》,《马克思恩格斯全集》第2卷,人民出版社1965年版,第300—301页。

市场决定说为大部分学者所接受，是最流行的观点，也是我们最为熟知的。但是这一论述并不全面。对于中国社会来说，许多城市的兴起并不仅仅是出于生产的需要，还有出于城市功能的需要，比如军事要塞、祭祀宗教、政治中心等，因此关于城市的起源还有地理环境决定说、功能决定说等诸多观点。但是不论在城市的产生中起主导作用的因素是什么，有一点是可以肯定的：城市的兴起与生产的发展直接相关。因此，从根本上来说，马克思主义的市场决定说仍然是最客观、最科学的。

（二）中国城市的缘起

中华文明源远流长，中国有着五千年的文明史。关于中国城市的起源问题，目前学术界主要有三种观点：

第一，原始社会晚期说，以新石器时代龙山文化遗址为典型代表。1928年春天，考古学家吴金鼎在山东省济南市章丘区龙山街道龙山村东北处发现了举世闻名的城子崖遗址。考古学家们先后对城子崖遗址进行多次发掘，发现了一批以精美的磨光黑陶为显著特征的文化遗存。根据这些发现，考古学家把这种以黑陶为主要特征的文化遗存命名为"龙山文化"。自龙山遗址发现以来，考古学家分别在河南、陕西、山西、湖北等地发现了这一时期的文化遗存。但因其文化面貌不尽相同，所以又分别命名为河南龙山文化、陕西龙山文化、湖北石家河文化、山西陶寺类型龙山文化，统称为龙山时代文化。这一时期文化最显著的特征便是城址的发现。如在山东地区，除城子崖龙山城址之外，还有寿光边线王城址，阳谷、东阿、茌平三县发现的八座城址，临淄田旺村城址等。在河南则发现有淮阳平粮台城址、登封王城岗城址、郾城郝家台城址、辉县孟庄城址等。

颇值得一提的是，中国城市的起源便与山东地域相关，因此，我们可以说，山东城市文化便是中国城市文化历史的起步。这也是我们研究山东城市文化的价值所在。通过梳理龙山文化的脉络，追溯济南城市文化的渊源，可以探寻中国城市兴起之初概貌。当然，山东城子崖龙山遗址的城市特征还不太明显，江苏连云港发掘的藤花落龙山文化遗址更具有城市的特征。

第二，商代早期城市说，以河南安阳殷墟最具代表性。安阳殷墟位于今河南安阳小屯村及其周围，商代从盘庚到帝辛（纣），在此建都达273年，这是中国历史上可以肯定确切位置的最早的都城。2001年，殷墟以最高票数名列"中国20世纪100项考古大发现"榜首。最近的考古调查和研究结果表明，殷墟遗址的面积超过36平方千米，其中宫殿宗庙遗址、王陵遗址是核心区域，并被同时列入《世界遗产名录》。殷墟不是一座简单的建筑物，它是一座都城，是一个国家的政治、经济、军事和文化中心，是一个王国的缩影。这就是殷墟之于中华文明乃至人类文明的独特贡献和独特地位。商代文明也是在国际上被承认的、没有争议的中国最早的文明，因此殷墟建筑在中国城市起源中的价值自然为更多人所接受。

第三，春秋战国说，以战国七雄之都城最具代表性，其中尤以临淄古城保存最为完好。临淄，是我国周朝时期齐国的国都，以后也长期为"海内名郡"。临淄城虽然历尽沧桑，几经周折，但总的来说，仍是保存较好的中国古代的一座重要城市。故城内外，地上地下，浩繁的文物古迹为我国古代历史研究提供了颇有价值的资料。它是齐鲁文化的重要组成部分，是我们伟大祖国悠久历史和古老文化的见证。

上述所列中国早期的城市都具备了"城"的基本特征，因"城"而生的"市"则规模不一。无论如何，从城市的基本特征来看，中国城市的起源至少可以追溯到殷商时期。

此后中国城市的发展经历了从秦汉至隋唐的发展时期。这一时期，我国城市体系基本形成一种以政治职能为主,兼具经济功能的城市群体,如《史记·货殖列传》中记载的"洛阳东贾齐、鲁,南贾梁、楚"。同时,一些城市因其宗教或军事职能而不断壮大,如汉代的朔方、武威、酒泉等,唐代的边陲城市高昌、交河等。高适的《燕歌行》中"大漠穷秋塞草腓,孤城落日斗兵稀"正是对这种军事城市的记载。

宋代以后,经济职能日渐取代政治职能成为城市的主要职能,出现了大规模的城市群:以汴京为中心的北方市场,以东南六路为主、苏杭为中心的东南市场,以成都府、梓州和兴元府为中心的蜀川诸路区域性市场,以永兴军、太原和秦州为支点的西北市场等,小的城镇也不断兴起,如以转口贸易著称的临清镇、朱仙镇,以传统工矿业勃兴的自贡镇、景德镇等。

鸦片战争之后,中国城市的功能在不断完善,沿海城市成为新兴的经济通商口岸,内陆城市逐渐衰微。

三、城市史研究的几个问题

(一)西方城市史研究概述

城市史是学科交叉的产物,很多地方是借鉴西方城市研究的理论。从传统的史学分类来看,也有学者把它归到社会史,如果从相关度来看,城市史的确更接近于社会史的研究,很多内容比如城市下层民众、城市公共生活、城市休闲娱乐等都与我们平时接触的社会史相通。但是从另一些方面来讲,比如城市文化遗产保护、城市规划布局、城市园林设计、城市教育文化、城市空间等又涉及其他很多学科,所以城市史更多层面上是学科交叉，跨学科研究的产物。1971年，艾瑞克·霍布斯鲍姆曾将城市史比作"历史多样性的杂货铺"，"任何与城市相关的事物"都被囊括其中。

西方城市理论的传播推动了中国城市文化研究的发展，因此，有必要简单梳理一下西方城市研究的主要成果，其中的很多理论和方法也是本章学习的对象。

西方汉学界对中国城市的印象最早可追溯到早期旅行家和传教士的游历见闻。《马可·波罗游记》里描绘了东方的富庶及城市的繁荣，其中多处涉及中国城市。

海外对中国城市史较有研究的有美国、日本、英国、澳大利亚等国家。除美国之外，日本、英国、澳大利亚的城市史的研究偏重于城市景观，比如城墙；亦有学者专注于都城的考察或者明清市镇的研究，总体来看，以古代城市研究为主。

近代中国城市史的研究以美国为代表，二战之后，美国加强了对中国社会的研究。严格来说，西方对中国近现代史的研究是从第二次世界大战以后才开始的。20世纪40年代起，美国中国学才开始走向独立，并逐渐成为西方中国学研究的领头羊。

美国城市史研究既有理论的探索，比如公共空间、市民社会等理论问题，亦有具体的城市区域研究。其中影响比较大的刘易斯·芒福德的《城市发展史：起源、演变和前景》指出了城市史研究的三个维度：城市的时间、空间和人。时间是指城市的历时性，从过去的城市到现在的城市以及未来的城市，是一个城市成长和发展的过程。空间是指城市体系中的经济、社会、政治、文化，更大一点就是地区、国家、国际或者是跨国区域。而人是时间和整个城市空间的主体。这本书的观点也认为城市史是将城市空间置于广阔的经济、社会、政治、文化和空间体系的框架中，进而将这一空间置于更广阔的地区、国家、国际乃至跨国的网络中考察其历史，强调了时间和空间要素。

还有学者提出了一个新的维度，那就是环境。这个环境其实和空间有重合的部分，但也有空间所不能容纳的内容，比如动物。西方城市史研究中有学者开始关注城市中的动物。比如2019年，约翰斯·霍普金斯大学出版社出版的《疯狗和其他纽约人：美国大都市的狂犬病、医学和社会（1840-1920）》（*Mad Dogs and Other New Yorkers: Rabies, Medicine, and Society in an American Metropolis, 1840-1920*）就是一本以城市中的动物与人为主题的专著。如果是从医疗史的角度来研究的话，医疗史学者会去追溯狂犬病的历史以及人类与狂犬病毒的互动。然而从城市史的角度来研究的话，城市史的学者会考虑空间因素甚至会考虑城市人物中的情感因素，比如为什么狂犬疫苗的接种数量如此之大，一方面是空间，另一方面可能与现代社会的压力，或者老龄化等因素相关。

肖恩·埃文撰写的《什么是城市史》[1]指出：城市史的研究范围包括城市生活的研究和城市化的历史（广义上的城市化包括人口、法律制度和文化的演进）。

城市史和社会史确实是一对同胞兄弟，都是从经济史谱系下发展而来。两个领域都重点聚焦于"下层的历史"（history from below），来寻求对人类经验的阐释，即考察普通人在自身历史形成过程中所发挥的推动作用。这一作用受制于经济力量、社会再生产的代理者以及国家的管控。而城市史与社会史的根本区别在于：城市史家是从整体上研究历史，挖掘城市的"全部"历史。

---

[1] 肖恩·埃文：《什么是城市史》（What is Urban History?），北京大学出版社2020年版。

（二）中国城市史研究溯源

1. 古代城市史研究

中国城市史研究有着悠久的历史，其渊源可追溯到古人对于都城、城市的记录和考察，《洛阳伽蓝记》《长安志》《唐两京城坊考》《东京梦华录》《武林旧事》等，均可归入广义的城市史著述。

2. 近代城市史研究

近代意义上的城市史研究起步于20世纪初。1926年，梁启超发表《中国都市小史》《中国之都市》等文，实开近代意义上的城市史研究之先声。20世纪30年代，陶希圣、全汉昇等人关于长安、古代行会制度的论文成为城市史研究的起步。侯仁之潜心于古代城市研究，其对于古都北京的研究，对后来古都学的兴起，起了重要作用。以柳亚子为馆长，以胡怀琛、蒯世勋、胡道静等为骨干的上海通志馆学者悉心搜集资料，进行上海城市史专题研究，于1934年、1935年各自在《上海市通志馆期刊》上发表文章，涉及沿革、气象、地文、风土、公共租界、法租界、政治、党务、外交、实业、金融、工业、交通、文化、新闻、体育、学艺、人物、教育、社会事业等，资料翔实，考订细密，具有很高的学术价值，实开中国近代城市史研究之先河，后因抗日战争爆发而中断。抗日战争胜利后，通志馆于1945年9月恢复工作，1946年改组为上海市文献委员会，先后编写、出版《上海事物溯源》《上海外交史话》《上海城隍庙》《上海人口志略》《上海胜迹略》等著作[1]。民国年间出版的《济南》《青岛》《北平》《南京》《杭州》《上海》《广州》等书，由学者倪锡英所著，书中对多个城市进行了记录，也成为城市史研究的重要资料。

---

[1] 熊月之：《中国城市史研究综述（1986-2006）》，《史林》2008年第1期。

3. 中华人民共和国成立后近现代城市史研究

20世纪50年代至60年代中期，近现代城市史的研究主要集中于史料的收集整理工作，尤其是上海地区，先后出版了《上海小刀会起义史料汇编》(1961年)、《辛亥革命在上海史料选辑》(1966年)、《五四运动在上海史料选辑》(1960年)、《南洋兄弟烟草公司史料》(1958年)、《大隆机器厂的发生、发展与改造》(1958年)、《上海解放前后物价资料汇编（1921年—1957年）》(1958年)、《恒丰纱厂的发生、发展与改造》(1958年)、《上海钱庄史料》(1960年)、《荣家企业史料（上）》(1962年)、《上海民族毛纺织工业》(1963年)、《永安纺织印染公司》(1964年)、《上海民族机器工业》(1966年)，资料都相当扎实，有很高的价值。有些资料还包括了对历史事件当事人的访问、调查，为他书无法替代。这些研究均因十年动乱而中断。

四、 山东城市史研究概述

中国"城市史"的研究起步较晚，但颇有后发之势。"中国城市史研究的进展，表现为城市史研究传统与现代、中国与世界多种学术源流的并举与融合，表现为城市史研究学科的分化与整合以及多学科的相互渗透，表现为城市史研究论著的丰厚和相关研究机构的创建，表现为城市史研究实践不断丰富的同时，城市史学理论的兴起与发展，表现为城市史研究的整体推进与众多热点领域的不断形成。"[1]

1986年至2006年，《历史研究》《中国史研究》《近代史研究》《史林》

---

[1] 毛曦：《中国城市史研究：源流、现状与前景》，《社会科学》2011年第1期，第163页。

等八家主要历史专业期刊,共刊发城市史及相关研究文章390篇,占总数的3%。[1] 尽管近十年来以"城市"为关键词的论文数量没有显著增长,但是从《近代史研究》《中国史研究》等权威期刊来看,个案城市以及城市管理、市民阶层的研究层出不穷。这恰恰说明了宏观层面的城市视角已经逐渐细化和微观化,这也正是城市史研究繁荣发展的表现之一。

(一)山东城市综论研究

山东城市研究近年来也有不少成果,尽管滞后于上海、北京、重庆、武汉等地,但是也展现出了独有的地方特色。比如,针对山东抗日根据地的研究,以及针对青岛、济南等典型城市的研究就自成风格。现将主要成果概述如下:

第一,通史类著作。安作璋、王志民主编的《齐鲁文化通史》(中华书局,2004年)中对近代山东的济南、烟台、青岛、济宁、枣庄等10个城市的发展概况有所记载,主要是从城市规模、工商业、文化教育及市政等方面进行概述。李宏生、王林主编的《山东通史(近代卷)》在前者的基础上又增加了蓬莱、青州、兖州、德州等10个城市,写作重点还是经济、教育和城建,对传统文化少有论及。吕伟俊主编的《民国山东史》是按时间线索写的,对近代山东城市没有专门的论述。魏建、唐志勇、李伟著的《齐鲁文化通史(近现代卷)》则按文化性质和文化类别对近代山东文化做了系统的考察。朱正昌主编的《齐鲁特色文化丛书》主要从民俗、风物、艺术等方面概述了山东传统文化,着眼点放在整个山东的历史和社会,并没有专门提及近代山东城市方面的内容。上述研究着眼于纵向的线性梳理,并非从城市史的视角切入,但是便于我

---

[1] 熊月之、张生:《中国城市史研究综述(1986—2006)》,《史林》2008年第1期。

们了解山东城市出现的大背景,为我们了解山东城市史奠定了基础。

第二,从近代山东城市史来看,王守中、郭大松著的《近代山东城市变迁史》(山东教育出版社,2001年)是最早研究近代山东城市史的专著。该书按照时间顺序,着力讨论了山东城市化过程中工业、商业、金融业等经济领域的变革,以济南等内陆城市和烟台等沿海城市为代表,详细叙述了近代以来山东城市的发展概况。

山东城市研究的学者们较早关注的是城市经济,如吕伟俊等人的《山东区域现代化研究(1840—1949)》(齐鲁书社,2002年)一书对近代山东的社会发展也有详细的论述,主要按时间线索进行写作,偏重于经济方面。庄维民的《近代山东市场经济的变迁》(中华书局,2000年),姜万禧、李振英主编的《山东城市与城市建设》侧重于介绍中华人民共和国成立后山东城市的发展建设,主要是从城市规划、市政建设、城市管理等方面进行论述,也有对山东城市历史的追溯。

第三,山东特色文化研究。山东有着独具特色的齐鲁文化、黄河文化、泉水文化、沂蒙红色文化、运河文化、海洋文化等。从这些角度切入的研究,关注的是城市文化的地理空间、历史底蕴、文化传承等,进而体现出山东城市的风貌。如傅崇兰著的《中国运河城市发展史》,是系统论述运河城市史的专著,从中国传统的大运河及其相关视角对运河城市的发展进行了论述,其中对近代山东的德州、临清、济宁等城市的发展历史均有涉及。王云著的《明清山东运河区域社会变迁》也是一本以研究运河为主要视角的专著。由于时间上联系紧密,在这本著作中更能看出传统文化要素在近代山东运河城市发展中的影响。刘吕红著的《清代资源型城市研究》是一本研究清代中国以资源开发为目的发展起来的城市的专著,其中对山东的博山在清代的发展有所论述。庄维民、刘大可著的《日本工商资本与近代山东》一书则以近代日本工商资本在山东的扩张为主线,从近代山东的经济变迁角度论述了部分城市的经济发展情况。

以上学术专著考察的都是近代山东城市的发展，或者部分涉及近代山东城市发展的相关问题，且大多是从经济和社会变化的角度考察的，即使涉及文化层面，也是属于外来新文化对城市发展的影响。作品或以时间为线，或采取分类叙述的方式，来论述山东城市发展的诸多问题。但是由于研究视角的差异，对山东的城市文化问题未能深入探讨。

（二）市政建设研究

城市规划与公用事业的建设的论述相对成熟。李百浩、王西波的《济南近代城市规划历史研究》着眼于城市空间的演变，将济南1904—1948年的城市规划分为三个时期，详细说明了每个时期城市规划的原因、特点、规划机构等，但是对这一规划在济南城市发展中的影响论述不足。孟宁的《近代济南城市空间转型及其发展研究（1904—1948）》利用建筑学的专业特点，引入专业概念，绘制了大量城市空间演化的图表，直观明晰。从这篇文章中我们看到建筑学与历史得到了很好的结合。王醒的《济南市政建设与城市现代化研究（1904—1937）》对市政建设的主体——政府机关，以及市政建设的客体——城市和市民进行了考察。该文的论述始终是建立在市政与现代化二者的相互关系上，这是城市化研究的良好思路。该文引进了市民社会、公共空间等新理论，但是在具体论述中这些概念的界定并不清晰。作者在论述济南城市现代化的过程中实际上兼顾了"物"的现代化与"人"的现代化两重含义。[1]而"公共空间"恰好是人与物产生交互作用的区域。如果能将三个概念的内涵和外延做明确的分析，那么新理论的运用将会更加广泛。

---

[1] 王西波：《济南近代城市规划研究》，武汉理工大学硕士学位论文2003年。

（三）动态城市文化研究

1. 市民阶层

谷学峰的《近代济南市民文化研究（1904—1937）》（山东大学硕士学位论文，2005年）厘定了市民文化的内涵，在物质和精神双重层面的概念界定基础上，形成了文章的两大部分。文章认为市民阶层既有其社会独立性，又表现出与官方政府相辅相成的关系，这可以作为中国市民文化的一个"中国特色"。但是这一理论并没有在文中深入阐述。

朱云峰《清末民初济南公共领域的近代转型（1904—1919）》中所谓的"公共领域"正是市民生活的空间，因此也可以说是关于"市民文化"的研究。朱云峰的论文辟专节阐述了不同社会团体对于城市现代化转型的意义。

吕伟俊、聂家华在《生成与生存：城市化背景下的山东城市下层社会述论（1912—1937）》一文中运用丰富的档案资料、外文资料、海外文献以及史志资料，详细地分析了下层社会的主要人群及其生活状况，同时也关注到政府与下层社会的关系。作为教育部的重大科研项目，我们相信对山东下层民众的考察必将从整体上带动对山东城市阶层的研究。

2. 城市人口

在定义"城市化"这一概念时，很多学者都提到了人口结构的变动，同经济结构的变化一样，这是城市化的一个重要因素。关于济南城市化过程中的人口变动，由于资料缺乏尚未得出确切的结论。国内最早对这一问题做出分析的是沈国良的《济南开埠以来人口问题初探》一文。而成果比较突出的是郭大松等人写作的《民国前期济南的人口与社会问题辨析》，该文对1911—1919年济南城市化以后的人口变动做出了自己的分析。根据《山东省志》、《济南指南》以及《续修历城县志》所载，这十年时间里济南人口出现大幅度萎缩。对这一不合常理的现象，作者在现有资料的基础上，排除种种因素，提出了城乡区划变动与统计方法两个可能性因素，令人信服。

万强的《近代济南的人口与城市发展（1904—1936）》（内蒙古大学硕士学位论文，2004年）从人口的自然构成与社会构成两方面论述了人口的迁移给济南城市化带来的双重作用，外来人口的性别、职业特征对城市化的影响等。这篇文章没有局限于人口的增减问题，而是着眼于人口与城市化之间的互动影响。

（四）城市文化保护

空间本身是文化与社会关系的载体和场域。城市文化的空间包括城市教育、城市娱乐、报刊、图书馆、博物馆、影院、公园、体育场所等。在关注济南城市走向现代化的过程中，也有人将目光投向老城区的保护与建设。

李平生、赵秀芳的《城市现代化中的历史文化保护问题——以济南为例》，对济南开埠后的城市格局、城市建设、城市空间、城市交通、城市人口、城市结构、城市功能、市民心态均做了简要的论述，肯定了济南开埠在城市建设上取得的成就，并希望以此为榜样保护城市的历史文化。国芳、李刚的《传统历史街区的保护性开发与利用——以济南商埠区保护为例》对济南商埠建筑的保护和利用提出了一系列的意见和措施。田芸的《济南城市历史街区的保护与开发研究》（山东大学硕士学位论文，2004年）选取芙蓉街—王府池子这个具有代表意义的历史街区，提出了保护、开发的具体思路与方案。孔祥娜的《济南旧城区聚落文明特征嬗变与保护研究》（山东大学硕士学位论文，2007年）从建筑学的角度考察旧城区古今演变与现状，探寻古泉城人居环境的特点，研究发掘旧城区文脉内涵特征并提炼浓缩。从社会科学、人文科学、建筑科学、环境科学等角度出发，以内涵研究为本，以查考寻迹为主，将古籍记录、书刊论述与实际调查相结合，进而提升旧城区的时代价值。

对于济南这样一个传统历史文化悠久的城市来说，在建设现代城市、规划城市的新功能时，应该注意对老城区的保护。城市保护既包括对原有物质形态的保护，也包括对精神文化遗产的传承。目前学术界对于城市文化的保护基本局限于物质形态，如老建筑、老城区的维护，对老济南的艺术形式、风俗文化的传承和发扬尚缺少专门的论述。因此，在探讨济南城市化时，注重新与旧的关系，实现建筑学与历史学、城市规划学的结合，将历史的传承与发展更好地融合起来，才能使我们的城市史研究更有意义。

（五）城市文化比较研究

城市文化研究应该是一个寻找城市间的共性与个性、探寻城市的历史与现实发展规律的过程。因此，济南城市史研究不能忽略横向和纵向的比较。只有这样才能凸显济南城市的特色、揭示济南城市发展的轨迹。

由于时代、地域的不同，各地城市史的发展自有其差异性。因此在关注济南城市变迁的同时，注意历史的纵向和地域的横向比较成为重点。目前济南城市史的研究已经实现了时间与空间上的双重比较，便于我们更好地了解济南城市的发展原因，了解发展动力、城市的结构功能、城市的地位作用影响等。

（六）山东城市文化研究的几个问题

总体来看，关于山东城市文化史的研究已经取得了不少成果，在城市经济等领域已经日渐成熟，并取得了突破性的进展。不过山东城市文化史研究仍有不少薄弱环节：诸如深入挖掘新史料、借鉴多学科的理论研究成果、重在历史分析类的作品较少；城市文化、市民社会等层面鲜有高水平的成果问世等。笔者认为，当前济南城市文化研究应注意以下几个问题：

第一，注意研究对象的合理化界定。

对于城市化的概念，经济学、地理学、历史学、社会学等不同领域的关注点是有区别的。因此在济南城市化的研究中，侧重点有所不同，或专注于经济领域的发展，或偏重于地域的转化，或着眼于城市建设的转型，或强调人口结构的变动，等等。在同一问题上的不同理解恰恰构成了济南城市研究五彩斑斓、绚丽缤纷的景象。

一味强调多学科概念统一并不现实，也无必要。但是，概念理解的多样化并不意味着模糊化。在济南城市史的研究作品中我们看到了诸如"市政建设""城市空间""公共领域""市民阶层"等新的词汇，大多数作者也从自身的研究角度对这些概念进行了阐释和界定。但是由于这些名词本身就是交叉学科的产物，学者在具体问题的论述上常常不由自主地偷换概念、模糊论题，导致文章主题的不明晰。这是新理论、新方法运用初期不可避免的现象。随着济南城市史研究的深入，学者不一定会对概念本身达成共识，但是在论述问题时应该避免概念的模糊化。

第二，重视新史料的搜集和整理。

纵观以上研究作品，所使用的资料主要是《山东省志》及地方史志、方志丛书以及当时的期刊，其中也不乏一些通俗性的介绍性读物，这对于学术性的研究来说是远远不够的。通过系统地翻阅市档案馆与山东省档案馆的资料，笔者发现对于济南城市建设的资料使用不多，只有有关"商会"的档案有所使用。

随着济南开埠，大批海外人士聚集济南，济南也一改新政之前强烈的排外情绪，"友好接纳"了大量的海外人士。其中有商士、传教士、医生等。对于开埠前后的济南城市变化，他们留下了许多珍贵的文字，其中比较有代表性的有：1912 年出版的法思远（R. C. Forsyth）的《庚子殉难录》（The China Martyrs of 1900），在第二十章中特别讲到了"山东现存问题与建议解决方案"，对 20 世纪初山东的现状进行了描述。神学博士明恩溥（Arthur H. Smith）的《中国人的素质》（Chinese Characteristics）和《中国乡村生活》（Village Life in China）、传教医师聂会东博士的《山东省城济南府》，都对同时期的济南进行了描述。《山东省城济南府》一文包括济南的历史、概貌、山水名胜、部分掌故、传说、风俗民情等。该文中对清政府推行新政改革前后济南的社会、政治、经济、文教及民情变化的对比，对治史者尤有启发意义。由 A.G. 帕克指导，齐鲁大学社会学系调查编著的《济南社会一瞥》（1924），对当时济南市的历史、地理、人口、经济、文化、教育、宗教、社会生活等状况进行了调查，内容丰富。

海外学者鲍德威的论著在史料运用方面为我们做出了榜样。作者在参考文献中所开列的书目，尤其是外文文献，值得每一个研究济南城市史的学者关注。国内学者王守中、郭大松的《近代山东城市变迁史》一书资料搜罗广泛，有大量的档案资料、外文资料。如果能够将这些外文资料与中国当时的档案、期刊报纸等史料相对比，对于我们认识开埠前后济南的城市化发展面貌将大有帮助。

我们不仅要拓展史料的范围，对现有的资料也应该进行甄别，有选择地使用。在济南城市史的研究中，由于资料的缺乏，有些问题在论证时只能采取旁证甚至若干年后的史料，这影响了论证的力度。

第三，加强对城市历史文化的保护。

对城市历史的梳理是为了构筑城市未来的辉煌大道。济南城市化的研究归根结底是要更好地保护历史文化，总结城市发展的规律性，为济南城市发展提供学理性的依据。这是城市史发展的方向，也是城市化研究的社会价值所在。

杨念群教授认为，"20世纪90年代，市民社会与公共领域理论大行其道，介绍其方法者大有人在，美国汉学界使用其方法研究中国城市史而著书成文者也不乏其人，却始终见不到国内城市史研究对之进行有效的回应"。各种理论众多而没有形成统一权威的理论体系，同时在中国城市历史的分期问题、城市类型的划分标准、城市区域划分标准问题、城市史研究内容等基本认识方面还存在很大的分歧。[1]

随着城市史研究发展，市民阶层、市民文化、公共空间、公共领域等概念和理论的研究已经逐步开始。但是这些成果主要集中于硕士学位论文，鉴于多数研究者学习时间和学术底蕴的不足，并没有将这一理论很好地贯彻下来，仅仅可以说是理论的探索和有益的尝试。有的甚至还存在理论运用前后矛盾的现象。在运用、借鉴西方的理论时应该实事求是，敢于用历史的真实质疑学术界的传统观念。

此外针对城市空间内的主体即城市居民的研究也比较薄弱。市民阶层是城市化道路的重要推动力量，也是城市化的直接结果。清末，慢慢开始形成一些特色鲜明的不同阶层，如具有商业理念的经济型市民阶层和深受中西学思想浸润的知识分子型市民阶层。在济南城市化的过程中，市民的分层、角色的转变同样值得关注。在鲍德威的著作中，作者花费了大量的篇幅描述"那些在济南掌握了政治、经济和社会权力的人，他

---

[1] 高健：《20世纪中国城市史研究述评》，《湖北经济学院学报哲学社会科学版》2010年第12期。

们大多数是中国人"[1]，这对我们应该有所启发。

当然，运用多学科的研究理论和方法是历史学取得突破的重要方式。在借鉴和运用新理论时，我们应该关注中国社会的特殊形式，尤其是在论述公共空间、市民阶层等国际通用的学术概念时，不能盲目照搬。济南政治、经济的发展模式基本代表了中国大部分城市的发展模式。也就是说，我们不能以西方现代化的标准来定义中国的城市化发展之路。

---

[1] [美]鲍德威：《中国的城市变迁1890—1949年山东济南的政治和发展》，北京大学出版社2010年版，第9页。

第二章　源远流长、博大精深
——传统文化与山东城市

"一山一水一圣人"是山东的标语,"一山"为泰山,"一水"为趵突泉,"一圣人"为孔夫子。细探山东的历史,名山、名水不止一处,名人更是世代辈出,山东因而也被称为圣省。山东靠山临海,地域面积较大,地形以山地丘陵为主,拥有农业、渔业、商业等多种经济产业,形成了多种文化类型。好客山东,迎宾八方,山东如同一个文化大熔炉,不断地吸纳、创生,而后传播,使得文化特色多样。山东文化自上古时期就在中国文化史中占有重要地位,东夷文化成为中华文明的重要组成部分,孔孟著书又讲学,百家齐鸣于稷下,道隐深林佛上山,座谈玄学儒四传,慎行(于慎行)引文风,红灯(朱红灯)兴武道……王朝之圣贤者多降生于齐鲁大地。时至今日,山东仍是中国传统文化重要的传承地,本部分将对山东省的传统文化进行梳理,以观览山东源远流长、博大精深的传统文化。

一、儒家文化

中华文化源远流长，自古以来便具有丰富且特有的文化元素，而齐鲁文化是其地域分类中最重要的一类。齐鲁文化的基本精神可以概括为：自强不息的刚健精神，崇尚气节的爱国精神，经世致用的救世精神，大公无私的群体精神，以及勤谨睿智的创造精神。这些精神之于中华传统思想文化可以说是核心所在，与中华民族的民族精神高度契合。而要想深入地了解齐鲁文化，就不得不了解齐鲁文化的核心——儒家文化。儒家文化是先秦诸子百家学说之一，是由孔子在总结、概括、继承宗周礼乐文化和综合夏、商、周三代传统文化的基础上，创立的一个道德学说。后经过孔子及其弟子的发展与完善，在与法家、道家等诸子百家思想碰撞中，兼容并包。又经由董仲舒的改造，在汉代正式成为国家的正统思想。在魏晋南北朝时期，经过佛教和道教的冲击，儒家文化的地位有所下降；在宋朝相对统一和稳定的社会环境中，儒家吸收佛、道两家的思想，在程颢、程颐和朱熹等人的改造中逐渐形成了较为稳固的儒学思想体系。

作为中华传统文化的主流与核心，儒家文化自诞生便在中华文明的历史传承、时代发展中起着举足轻重的作用，即便经过两千余年岁月的洗礼，其精华所在的"民本""仁"等思想仍具有重要的现实指导意义。儒家崇尚"仁道"，故推崇"己所不欲，勿施于人"；儒家以民为本，故推崇"民贵君轻""为政以德"；儒家严谨治学，故推崇"博学笃志，切问近思"；儒家注重教育，故推崇"有教无类，因材施教"。无论是哪一种思想都富有前瞻性和深刻的教育意义，其对齐鲁文化的影响不言而喻，更是中华民族传统文化不可或缺的精神财富。

儒家文化的发展历程可简要梳理如下。

（一）周礼与早期儒家文化

儒家思想是由孔子在总结了周礼的基础上创立的。生活于春秋时期鲁国的孔子自幼便接受着鲁文化的熏陶。"齐鲁文化"在本质上属于"齐文化"和"鲁文化"的有机融合，而朱熹在《论语集注》中明确地提到了二者之间的区别："孔子之时，齐俗急功利，喜夸诈，乃霸政之余习。鲁则重礼教，崇信义，犹有先王之遗风焉。"这里的"先王之遗风"即宗周王室的"礼乐文化"，可以说鲁文化直接继承并发展了宗周的礼乐文化，故有"周礼尽在鲁"一说。孔子出生的年代，礼乐制度崩坏，周天子大权旁落，春秋五霸各怀野心觊觎天子之位。而以"仁"为核心的儒家思想是建立在孔子以"克己复礼"为己任的思想基础之上的，孔子认为"克己复礼为仁。一日克己复礼，天下归仁焉"。因此维护周朝礼乐制度是儒家思想产生的主要原因之一。

孔子创立的儒家思想对当今山东城市文化的影响主要体现在思想与教育上。从思想上来看，诞生于礼崩乐坏的春秋时期的儒家文化有克己复礼、维持社会秩序的目的，而要想实现这一目的，必须要推广"仁"的理念，从而构建一个以仁为核心的道德规范体系。在追求仁德的过程中，孔子认为人生的至高意义在于超越个体的局限性以达到"仁"这一美德，由贤入圣。这一理念对当今城市文化建设具有较大的指导意义，其对协调人际关系、培养理想人格，乃至实现社会主义核心价值观的个人层面都具有深刻的意义。从教育上来看，孔子作为"至圣先师"，提出了许多即便是在现当代社会也仍被广泛推崇的教育理念：第一，学术下移，有教无类。被王公贵族把持的文化教育权因此产生了动摇。孔子创办私学，设杏坛讲学授徒，开创教育之先河，使得平民百姓也能得到受教育的机会。学术文化在民间得到了推广，文化知识得到了运用，并对社会的发展产生了重要影响。第二，因材施教，教化育人。《论语·先进篇》记载：子路问："闻斯行诸？"子曰："有父兄在，如之何其闻斯行之？"冉有问："闻斯行诸？"子曰："闻斯行之。"公西华曰："由也问'闻斯行诸'，子曰：'有父兄在'；求也问：'闻斯行诸'，子曰：'闻斯行之'。赤也惑，敢问。"子曰："求也退，故进之；由也兼人，故退之。"孔子因材施教的思想贯彻于其对三千弟子的教导过程中，对于不同性格、不同出身的弟子，根据他们的具体情况进行针对性的指导，以期扬长避短，使他们各尽其能，有所成就。这一思想对于现代教育来讲无疑是具有现实意义的。当今教育一大弊端在于其高度统一甚至同质化，一味地使学生接受课堂上照本宣科的教育，这很容易使得那些在艺术、体育等其他方面富有才能的学生被埋没，强行的"填鸭式教育"使得他们对这样的课堂教育产生厌恶甚至恐惧的心理。这时候因材施教的优点便得以体现。通过对受教育者性格、能力、个性等方面的差异的深入了解，发现这些学生身上的个性特质，针对这些特质设计不同的教育方案也是一种高效的教育方式。[1] 当今盛行的艺术生、体育生乃至学科竞赛就是我国在特有的教育环境下采取因材施教举措的重要尝试。第三，尊师重教。"师者，所以传道、受业、解惑也。"尊师重教历来是中华民族的优良传统，到了新时代，尊师重教更是成为社会新风尚。

（二）孟子、荀子对于儒家文化的传承

孔子逝世后，儒家学派迅速分化，各成体系。如曾参提倡"孝恕忠信"，全心尽孝道，其"以孝为本"的孝道观至今仍有指导意义；子路以政事见称，救穷济贫，政绩突出；子夏具有经世倾向，根据儒家思想提出一

---

[1] 赵雅丽，李海涛：《浅析"因材施教"对现代教育的启示》，《产业与科技论坛》2019年第12期，第142-143页。

套为政观点并付诸实践，秉承"仕而优则学，学而优则仕"的思想等。

《韩非子·显学》中提道："自孔子之死也，有子张之儒，有子思之儒，有颜氏之儒，有孟氏之儒，有漆雕氏之儒，有仲良氏之儒，有孙氏之儒，有乐正氏之儒。"这里提到了所谓的"儒家八派"。据考证，"仲良氏之儒""乐正氏之儒"已不可考，后人对此众说纷纭；"子张之儒"被认为是战国儒家八派之首，是以孔子最年轻的弟子子张为主形成的学派；"颜氏之儒"是孔子最得意的弟子颜回收徒讲学而形成的学派，颜回严格遵从孔子的教导，其思想主张也基本与孔子相同，推崇仁德，品格高尚，即使"一箪食，一瓢饮，在陋巷"也"不改其乐"，被后世尊称"复圣"，孔子赞其"其心三月不违仁"；"子思之儒"是以孔子嫡孙孔伋为主形成的学派，"子思之儒"主要继承并发扬了孔子的中庸思想，提倡"和而不流，强哉矫，中立而不倚"的"中庸之德"，可以说是承前启后的一派。

到了战国中后期，则形成了以孟轲（孟子）和荀况（荀子）为代表的两大儒家派别，对应着儒家八派中的"孟氏之儒"和"孙氏之儒"（部分学者认为荀卿又称孙卿，故"孙氏之儒"即为"荀氏之儒"），分别代表着儒家文化的两大发展方向，即"为政"和"隆礼"。

1. 孟子及其思想

孟子，名轲，战国时期思想家，儒家文化继承者与代表人物，与孔子并称"孔孟"，被后世尊称为"亚圣"。孟子最主要的思想主张在于其哲学思想，即"恻隐之心，人皆有之"的"性善论"思想。"性善论"是孟子对孔子"仁"的思想的继承，也是孟子评判人的修养品德的认知前提。孟子"性善论"认为，通过学习，人人都可以成为圣人、君子，这一点也强调了教育的重要意义，体现了教育的可行性。

孟子的"孟氏之儒"以"为政"为主要方向，在孔子"为政以德"

思想的基础上,推出了"仁政"的学说。尽管其本质仍然是服务于封建统治阶级的,但这种将心比心的为政方式对于当时处于水深火热中的人民来说无疑是一种福音。"仁政"学说提出统治者应实行仁政,体谅人民的疾苦,在森严的等级制度中不忘对人民的关照,而相应的,人民也就心怀感激之情去拥护统治者,稳固其统治地位,即"君之视臣如手足,则臣视君如腹心;君之视臣如犬马,则臣视君如国人";而如果统治者草菅人命,施行暴政,视人民如草芥,那么人民也就不会感恩君主,反而"视君如寇仇"。从本质上来看,仁政实际上是一种针对特定阶级,即封建统治阶级的主张,要求统治者将"仁"的博爱推广到被统治的人民身上,以此维护统治者的统治。在"仁政"思想中,伴生着孟子的另一种核心思想,即"民贵君轻"的民本思想。"民为贵,社稷次之,君为轻"是孟子针对这一思想提出的关键性总结,正如"仁政"思想中总结的,统治者体谅人民的疾苦,爱护人民,以人民为重,而统治者在这一体系中居于次要的地位,只有保障了人民的生存,统治者才能存在。孟子反对统治阶级对平民的剥削与压迫,甚至提出,当统治者数次犯错而不听规劝时,人民可以联合推翻他的统治。

对于当代社会,仁政思想在中华民族伟大复兴的历史进程中仍具有极为重要的现实意义。在我国,人民当家做主是社会主义民主政治的本质和核心,施行仁政更是让老百姓丰衣足食、脱贫致富的重要途径,中国特色社会主义建设强调的"以人为本"就是仁政的具体体现。

2. 荀子及其思想

荀子,名况,字卿,战国末期思想家,是儒家文化的代表人物。他充分汲取道、墨、法等诸家思想,兼蓄百家,成为先秦时代百家争鸣的集大成者。与孟子不同,荀子主张"性恶论",认为"人之性恶,其善者伪也",强调了后天环境和教育对人的影响。在他看来,人们对于礼的实现并非出自本心,而是受外界强迫后的行为。

荀子的"孙氏之儒"以"隆礼"为主要方向。在荀子的思想中,"隆礼"既是他对问题思考的出发点,也是思考问题的最终归宿。在"性恶论"中,荀子认为追名逐利是人的本性,不可避免,但对于人类社会来讲,礼的存在恰恰限制了人类没有边界的欲望,使得人们能约束自己,维持社会秩序的稳定。同时,与孔孟不同的是,由于其兼蓄百家思想,所以出于儒家而不囿于儒家,荀子提出了许多独到的观点,其中礼法并重是荀子的重要思想之一。荀子认为,"礼义生而制法度",礼是法制定的依据与基础,而"隆礼至法,则国有常",只有崇尚礼义,完善法制才能使得国家维持正常的秩序。"隆礼重法"是荀子的核心思想,即"隆礼尊贤而王,重法爱民而霸"的治国理念,这对于由"克己复礼"中产生的以周礼为核心的儒家思想是一次重要的进步。

荀子年轻时进入齐地并长期居住在此,因此深受齐国稷下学宫的影响,他的主要学术思想也是在稷下学宫求学时期形成的。"齐文化"的熏陶使其相较于孔孟建立在"鲁文化"基础上的儒家思想更具备了一些可塑性及变革性。齐文化风气开放,善于变革,而鲁文化风气保守,固执守成,在这两种文化的影响下,荀子对于法与礼的结合从某种程度上来讲也是先秦时期齐文化与鲁文化相互交融的成果,为"齐鲁文化"的诞生奠定了基础。

(三)秦汉时期儒家文化发展的兴衰

1.秦朝时期儒家文化遭受沉重打击

秦王扫六合、统一天下之后,为了加强思想统治,结束对专制统治不利的百家争鸣的局面,加之一些儒生谈论诗书,以古非今,齐地方士威胁秦始皇性命等原因,秦始皇采纳李斯的建议,焚毁大量书籍,坑杀儒生四百六十余人，百家争鸣局面消失，法家思想成为秦朝统治的正统思想，而儒家文化几乎遭受灭顶之灾。由于秦王朝不仅"焚书坑儒"，还下"挟书令"，凡藏有儒家经典者均治罪，因此在秦王朝少有传授和学习儒家经典的儒生，儒家《乐经》等经典也因此失传。所幸有学者在"焚书"令下私藏了部分儒家典籍，才使儒家思想得以传承。

2. 由秦至汉，儒家文化得到传承

在儒家文化从秦朝传承到汉朝的过程中，有两位儒学博士起到了举足轻重的作用，分别是秦汉时期的伏生和叔孙通。伏生，字子贱，秦朝济南郡邹平人。伏生自幼好学，博览群书，尤其精通《尚书》，曾为秦博士。秦始皇下令焚书时，伏生冒着被诛杀之风险藏匿《尚书》，并在汉文帝求治《尚书》的学者时将其重现于世，最终使得儒家经典《尚书》得以流传，历代学者高度评价其："汉无伏生，则《尚书》不传；有《尚书》而无伏生，人亦不能晓其义。"另一位重要的儒学博士是叔孙通。叔孙通（一说"叔孙何"），字通，薛县人，为秦朝博士，秦将亡时逃离秦国，先后侍奉项羽、刘邦。汉高祖刘邦统一天下后，废秦礼法，叔孙通借由采用古礼，参照秦仪，制定汉初礼法。在制礼过程中，叔孙通没有因循守旧，而是"有所损益"，制定了顺应当时时代发展潮流的礼法，最终一改朝廷的混乱，使汉高祖刘邦"今日知为皇帝之贵也"。司马迁高度评价其"希世度务，制礼进退，与时变化，卒为汉家儒宗"。

3. 两汉时期，儒家文化蓬勃发展

两汉时期，儒家文化蓬勃发展。作为儒家文化的诞生地，山东涌现出一大批载入史书的儒家学者。在《史记·儒林列传》中有记载"言汉初传经大师，五经八师，有六位是齐鲁之人"，分别是伏生、田何、申公、辕固生、高堂生和胡毋生。及至东汉，设立博士十四家，而其中有八家为齐鲁儒生。载入两汉史书的著名齐鲁大儒不下百人。齐鲁儒生对两汉时期儒家文化的巨大贡献不言而喻。

西汉是儒家文化发展的黄金时期，儒生众多，其中著名的儒家学者有董仲舒、胡毋生、公孙弘等。

董仲舒，西汉著名思想家、政治家、教育家。作为儒家文化的继承者，董仲舒也提出了很多与孔孟思想一脉相承的思想主张。为了缓解阶级矛盾，他提出应进一步发挥"仁政"的作用，主张更化，用礼乐教导的"德治"代替秦朝的酷刑，同时主张薄敛省役，减轻人民负担。董仲舒对于儒家思想的创新与改造使其更加适应时代的潮流，确立了儒学独尊的主流思想地位，但已经与孔子提出的"克己复礼"的儒学思想有了巨大的差异，而且是遏制思想自由的儒学，因此也具有其局限性。其"君权神授"的思想主张一直延续到封建社会结束。

胡毋生（一作"胡母生"），字子都，西汉齐人。汉景帝时的博士，与董仲舒同业，以传授《公羊春秋》为名，他对《公羊春秋》的见解独到，对后世影响颇深。根据他的思想形成的公羊学派甚至对近代的资产阶级改良派也产生了深刻的影响。与他同业的董仲舒称其德，"胡毋子都贱为布衣，贫为匹夫，然而乐义好礼，正行至死，故天下尊其身而俗慕其声。甚可荣也"。然而由于"文帝好刑名""景帝不任儒"，仍有诸多儒学学者不被重用，甚至还有丢失性命之危险，胡毋生以年老为由，弃官回乡，居教乡里。

及至汉武帝即位，为了满足进一步强化中央集权的需要，加强思想统治，汉武帝采纳了董仲舒"罢黜百家，独尊儒术"的谏言，至此，儒家文化正式成为封建社会的正统思想并延续两千余年。此时的儒家文化已经与先秦时期"克己复礼"的儒家有了巨大区别，更像是沿袭了荀子的思想，集道家、墨家、法家等各家学说的核心思想于一体。经董仲舒改进的儒家思想已经从以"鲁文化"为根基的儒学转变为以"齐文化"

为基础的儒学。同时，为了使汉武帝更容易接受他提出的新儒学，董仲舒提出了"君权神授"的观点，指出君主是"天子"，而"唯天子受命于天，天下受命于天子"，全力维护君主的统治地位，这与孟子提出的"民贵君轻"思想有所不同。

除了董、胡二人改良儒学，大力推动"罢黜百家，独尊儒术"主张的实施外，胡毋生的学生公孙弘也为儒家文化的传播作出了巨大的贡献。

公孙弘，字季，一字次卿，齐地菑川人，以西汉第一位以丞相封侯者扬名。公孙弘在职期间，广招贤士，关注民生，由于其著作遗失，其对儒家思想在后世的贡献主要为对儒家文化的传播。公孙弘并不是一个彻底的儒者，其思想也深受法家韩非的影响，提出"擅杀生之柄，通壅塞之涂，权轻重之术，论得失之道，使远近情伪必见于上，谓之术。"同时他又继承了孔孟"仁爱"的思想，轻徭薄赋，为政以德。因此公孙弘的思想是儒法结合，并以儒家思想为基础的。

东汉时期儒家文化的集大成者是被称为"天下所宗"的郑学的开创者郑玄。郑玄，字康成，北海郡高密（今山东省高密市）人。郑玄治学以古文经学为主，兼采今文经学，以"述先圣之玄意，思整百家之不齐"为目标，希望能通过对两汉时期确立的经学和与经学相关的诸子之学的整理，更深刻地阐述儒家思想，使其发扬光大。郑玄倾尽毕生精力编注儒家经典，经过总结古今兼收并蓄，编注的《三礼注》是其最大功绩，对中国后世政治制度、社会思想、文化传统、伦理观念影响很大。《三礼注》是《周礼注》《仪礼注》《礼记注》的合称，"三礼"囊括了先秦时期大量的中国古代典章礼法，在对秦朝以前礼的研究中占据重要地位。郑玄为"三礼"作注无论是对于"三礼"的流传，还是对后世学者们的研究，都大有裨益。

东汉中后期，日益加深的政治矛盾使得儒学的社会地位开始动摇，而孔孟儒学在根本上带有的"鲁文化"的守旧弊端也日益显现，儒家思想的式微初露端倪。到了东汉晚期，政治腐败更加严重，社会动荡不安，阶级矛盾愈加尖锐，朝政的倾颓使得儒学的衰败加速。

（四）儒家文化魏晋南北朝时期的衰微与隋唐时期的低谷

东汉时期，儒家文化独尊天下的地位被打破。道教、佛教的兴盛使得儒家文化的发展遭遇严重的挑战，儒家文化发展低迷，近乎停滞。这一时期，山东儒家文化代表人物为曹魏经学家、哲学家王弼。王弼，字辅嗣，山阳郡高平（今山东省微山县）人，魏晋玄学的代表人物及创始人之一。王弼年少有为，未及弱冠就与当时著名文人相识，当时的许多文人雅士都折服于王弼非凡的谈吐。王弼的学术思想同样是兼收并蓄的。王弼自幼好老子，并用老子的思想为《周易》作注，开创了"正始玄风"的先河。在此基础上，王弼汲取老庄的思想，建立了玄学哲学。同时，王弼的思想极具儒家人文主义倾向，他抨击教条的世风，批评礼过于形式化而不注重人的内心，认为只有建立在无为而治的基础上达到的礼才是真正的礼。

尽管齐鲁大地不断涌现出一大批的儒学学者，但到了隋唐时期，由于佛教、道教的盛行，儒家文化的发展进入低谷。这期间，虽不乏有代表性的儒学名家，但他们对于儒家文化的思想主张大都被淹没于历史的潮流中。一直到唐朝中后期，韩愈等人主张继承先秦两汉散文传统，反对专讲声韵对仗而忽视内容的骈体文，掀起改革文风与复兴儒学的古文运动，以达到恢复古代的儒学道统的目的，使儒家文化重新得到重视。然而此时的齐鲁儒林注重经学训诂，思想上缺乏创新性，因此这一时期缺乏思想先进的儒学大家。

（五）宋明时期重振儒学

儒家文化的低谷一直持续到宋朝。宋初，大批学者致力于研究儒学新的理论价值，探究创新性思想，儒学思想融合了佛道思想，形成了理学思想。

理学思想体系的构建离不开宋初一部分学者，"宋初三先生"中的孙复、石介，均与山东有着深厚的渊源。孙复，字明复，号富春，晋州平阳（今山东省临汾市）人，数次落第后退居泰山，专心讲学，人称"泰山先生"。著有《春秋尊王发微》《易说》等，提倡臣下无条件地效忠君主，其学术思想继承了韩愈的道统之说。孙复在泰山设学院广收门徒，对宋儒学复兴具有重要意义。石介，字守道，兖州奉符（今山东省泰安市）人，创建了泰山学院、徂徕书院，以《易》和《春秋》为主要教授内容，倡导古文，"重义理"，强调"民为天下国家之根本"，认为元气构成世界，著《怪说》抨击佛老。

"北宋五子"对北宋儒学发展具有重要的作用。周敦颐作为理学的开山之祖，其学说融合了道家无为思想和儒家中庸思想，他的代表作《太极图说》认为二气生万物；教育上以六经为主，教人向善；主张"慎刑"，推崇至"诚"的思想。邵雍认为宇宙本源为"太极"，重申"天人合一"的观点，其理学思想体系以宇宙观为起点，以人生观为归宿。张载认为万物即"太虚"，主张"理在气中"，其提出的"气－元论"开辟了朴素唯物主义的哲学阶段，其"横渠四句"——"为天地立心，为生民立命，为往圣继绝学，为万世开太平"为后世所传颂。"二程"以"理"为最高哲学范畴，主张"存天理，去人欲"。后人黄宗羲在《宋元学案》中说："大程德行宽宏，规模阔广，以光风霁月为怀。小程气质刚方，文理密察，以削壁孤峰为体。其道虽同，而造德各有所殊。"

南宋时期，理学发展以朱熹为重要推动力。朱熹是宋代理学的集大成者，认为"理"是万物的本原，方法论为"格物致知"，认为人性二元，还主张强化"三纲五常"。

"程朱理学"适应了统治阶级的立场，在元代被确立为统治思想。与朱熹同时期的陆九渊开创了"心学"，其认为"心外无物"，而"格物致知"的思想太为烦琐，强调人的本我意识，主张用"发明本心"的方式达到明"理"的境界。明朝的王阳明继承了陆九渊"心即理"的思想，强调"知行合一"。由于统治者的推崇，阳明心学与程朱理学共同构成的宋明理学主导了元明清儒学发展的主要方向，儒学因为政治高压而僵化，在长时间内没有质的飞跃。

明末清初，政权动荡，新思想萌芽发展。黄宗羲抨击君主专制，提倡法治，反对重农抑商；顾炎武提倡"经世致用"，提倡"实学"，反对专制；王夫之主张"趋时更新"，动静相合；何子渊主张求真、尚善、包容，弘扬儒家文化，振奋民族精神。

宋明理学融合了儒释道三家的思想，建立了宇宙自然和人生命运之间的关系，重建了儒学的思想体系，强调了人的主观意志，注重气节、品德，讲求以理统情，自我调节、发愤图强，强调人的社会责任和历史使命，凸显人性庄严，同时其具有高度的忧患意识，鼓励仁人志士以安天下为己任，不断追求自己的人生意义。即使是在今天，宋明理学这种自强自主，鼓励人们为实现人生价值积极奋斗的态度仍具有教育意义。

自孔子首创至今，儒家文化已有两千五百余年的历史，在这漫长的历史岁月中，儒家文化先后经历了孔子的原始创立，孟子、荀子的继承与发展，秦朝时期焚书坑儒的打击，汉朝时期"罢黜百家，独尊儒术"的尊荣，宋朝的程朱理学的兴盛……在这一系列的发展历程中，儒家文化的内容与形式日渐丰富，思想体系日趋完整，儒家文化独特的文化内涵也在丰富着齐鲁文化的基本精神。面对新时代的到来，儒家文化仍然迸发出令人惊叹的生命力，它对于中国特色社会主义发展的指导意义，使得社会上对于儒家文化现实意义的讨论越发深入。现如今，孔子学院已经走向世界各地，向全球展现其独特的魅力，同时昭示着通过儒家文化的新发展，齐鲁文化的影响力正在不断加强，其对于中华民族文化软实力的影响更是不言而喻的。相信在今后的发展中，儒家文化将更加与时俱进，迸发出新的活力。

二、道家文化

山东作为孔子的诞生地，并非被儒家思想所独占，也并行着土生土长的道家文化。

道家文化是一种用"道"来阐述自然、人生、社会之间关系的思想文化。"道"并非实际存在的物质，是一种"无"，没有固定的形态，也没有统一的标准，其存在于万事万物之中。道家认为大道无为、主张道生法，随顺自然，是诸子百家中的重要学术流派，也是中国传统思想文化的重要组成部分，在一定的历史时期和某些地域占据着主要地位，对中国乃至世界都产生了重要的影响。对当代德育发展、人格塑造、美学设计、生态文明建设、社会治理等诸多方面有着重要的影响和借鉴意义。

有学者颇有趣味地形容道家文明是"龙的文明"。道家思想最早可以追溯到母系氏族公社时期的原生态文化。"道"即遵守自然之道，发挥人的力量，对"道"的这种信仰，有助于人类社会成长为一个有序、自由且有神圣感的社会。道家文化的创始人老子集古代先贤之智慧，创立了一种道法自然的朴素辩证思想。老子的思想不断被演化发展：其"清虚自守"的思想丰富成"老庄之学"；其"无为而治"的思想延伸成"黄老之学"；其"两不相累"的思想发展成"杨朱之学"；"效法自然"

发展为"道教";凭其思想著称的科学家形成"新道家"。不同的思想分支又形成其独特的价值体系和学说流派,以至于对自然与社会的各个方面都产生了重大的影响。本文所指的道家文化包括了正统的"老庄之学""黄老之学""杨朱之学""新道家""道教"五个部分。

作为东夷地域,在原始氏族社会时期,山东就有了朴素的顺应自然发展的思想。春秋战国时期稷下学宫汇集了宋钘、尹文、田骈等重要的道家继承人。秦始皇时期,齐地的方术士十分活跃。汉初兴起的黄老之学其中重要的一支来源于齐地。三国初期信奉黄老的太平教在青州、兖州广泛传播。曹魏时期玄学大家王弼对山东的玄学作出了重要的贡献。全真教兴起于山东,传播至各地,碧霞祠、岱庙、太清宫、太虚宫以及崂山明霞洞等地至今仍旧香火旺盛。山东的道家文化也是底蕴深厚派别众多的。

(一)老庄之学

老庄之学又称玄学,是对《老子》《庄子》和《周易》的研究和解说。以自然为本,以天性为根,以清净为欲,以无为为策,以齐物而侍,以清虚自守,以逍遥生游天下。老庄之学本身包含了老子和庄子的学术思想,其后期发展分为玄学派和异端派。

老子和庄子的思想是老庄之学的重要渊源。老子为春秋时期陈国人,曾出游鲁国,指点孔子。老子思想蕴含着朴素的辩证法,政治上主张"无为""不言";权术上强调"物极必反";修身上讲究"不与争"。庄子为战国时期宋国蒙人,关于庄子故里有四种说法,其中两种在山东。庄子在老子思想的基础上,将"道法自然"延伸为"道我合一",崇尚逍遥、平等。

玄学派的产生是因为"黄老之学"的统治地位受到正统儒学的威胁,

道家的社会角色发生变化。传统的黄老之学已经不能满足统治者和社会发展的需求，庄子的思想开始渗入道家思想中，形成了风行魏晋的清谈玄学。其立言玄妙，行事玄远旷达。讲谈玄学者多为名士大家，山东地域的重要代表人物有山阳高平人王弼和金乡人张湛。王弼为山东曹魏时期人物，著有《老子指略》《周易略例》《道德经注》，继承了老子的辩证思想，主张以无为本。其"贵无论"的主张对宋明理学产生了重要影响。张湛是东晋哲学家，著有《列子注》。他注重解决个人的生死解脱问题，把《黄帝内经》的太虚论、《管子》的虚论与王弼的"贵无论"、郭象的"自生论"结合起来，同时把魏晋玄学关于本末有无的"本体论"与汉代的"元气宇宙构成论"结合起来，对玄学第四阶段的发展进行了总结。玄学派在魏晋时期的特殊背景下异端突起，后又迅速为理学所取代，但其在以形而上的哲学构建儒道之间关系的尝试上取得了成功，理学是在玄学的基础上发展演变而来的。

异端派借助老庄著作中的偏异思想并扩大强调，对正统思想产生了强烈的冲击。其著名思想有晋代鲍敬言的"无君论"，明代李贽的"童心说"，清代袁枚的"性灵说"。

老庄之学是诸多思想的源泉，为道家文化的发展打下了坚实的基础。其辩证的哲学思想在山东人身上表现为遇事沉着、冷静分析。山东人敦厚，遇事时会对事情的利弊进行冷静的分析，"塞翁失马，焉知非福"的故事也使得山东人拥有"不以物喜"的心态。"吃亏是福"在山东文化中也是不可磨灭的。物有所失，事有所得，不计得失，因果循环，这样的思想深深地刻在山东人的骨子里。宽容、大度、憨厚、质朴，这是山东文化所蕴含的美好品质。

（二）黄老之学

黄老之学是黄帝之学和老子之学的合称，是道学的一个分支。战国中后期到汉初，黄老思想十分流行，具有丰硕的成果。在稷下，黄老学家兼采阴阳、儒、法、墨等学派的观点，形成了较为简单的思想体系框架。黄老学派继承和发展了黄老二者"道"的思想，强调"无为"，以修行、经世、致用为主题，具有极强的目的性和操作性。黄老之学在战国中期迅速发展，到汉初成为统治思想，创"文景"盛世。

齐国稷下学宫时期是黄老思想最为活跃的时期，稷下学宫创设者之一的环渊相传即为老子之徒，继承老子的思想并进行了创造性发展，为汉初黄老之学奠定了一定基础。文子亦为老子徒弟，相传为范蠡之师，常游于滨海地区，对齐地黄老思想的继承和传播起了重要的作用。宋尹学派发挥了老子思想中知足反战的思想，主张节俭，提倡"非斗"，具有较为强烈的救世思想，是利他主义者，主要代表人物是宋钘和尹文，由于相关记载较少，其思想传承脉络不清晰，著作《宋子》和《尹文子》是研究其思想的重要依据。彭蒙、田骈、慎到三人思想相近，崇尚"贵公""去私"，遵照事物发展客观法则来进行人的行动。与庄子并称的列子，其思想"贵虚"，《列子》一书记载了其主要思想。稷下学派为黄老之学奠定了思想基础，其"无为"的政治思想在汉初得以发扬。

黄老思想受到汉初统治者的重视，黄老之学因此成为汉初的统治思想和主要学派。汉景帝、汉文帝、吕后和窦太后都崇尚黄老之术，名相萧何、曹参也是黄老思想的重要推崇者。其以"无为"治国，成就"文景之治"的佳话至今流传。

之后黄老思想虽有所发展，但大体趋向于融入百家，其思想被百家所保留和发展。其修身治国思想在当代社会仍发挥着重要的作用。

山东人的"贵虚"和"守静"是生活的常态。清晨人们听着闹钟从容起床,大爷大妈在公园里锻炼身体,年轻人在保温杯里泡好了枸杞。修身不仅仅是在繁忙的生活中保证身体的健康,休闲的时光,山东人更愿意泡一杯茶,读一本书,品一幅画。在"虚""静"中寻找真实的生活,轻欲少求,回归自然本性。"安土重迁"一词用在山东人身上最合适不过,对故土的情怀,对当下生活的态度,与北上广的漂泊和瞬息万变形成鲜明的对比。山东文化中的向往自然、淡泊名利、自然守静已深深地植入每个山东人的心中。

(三)杨朱之学

杨朱之学是战国时期的一种学说,以杨朱为创始人,其学派的主要代表人物有告子、子华子、詹子、儿说等,在对老子的思想加以发展的基础上,提出了"贵生""为我""保真"的思想,其思想在动荡的战国时代占有重要地位。《孟子·滕文公》云:"杨朱、墨翟之言盈天下,天下之言,不归杨,则归墨。"

杨朱之学诞生并发展于战国时期,在秦初与墨家文化一同散落在诸子学说中,其主要思想亦散落在诸子文集之中,如《庄子·让王》《吕氏春秋·贵生》《淮南子·精神训》等篇。其求生、好生、乐生、重生、贵生、养生、长生之道,在现代也是"求真保性"的山东人喜闻乐见的生活常态。

(四)新道家

新道家的概念是20世纪初提出的,主要是指当代新道家。起初董光壁将新道家定义为受道家思想启发作出卓越贡献的科学家。后来,陈鼓应等人将其定义为一切从事道家道教研究的专家学者。再后来,宫哲兵则认为凡是认同道、继承道家传统、在新条件下建立新体系并使之得到运用的人，都可称为新道家。

新道家主要思想是"唯道论"，认为万有唯道所生，提倡自然主义，主张自我成就。认为中国的"天道"与西方的自由可以结合，无为法则与自由宪政可契合，自由市场中蕴含着道家思想，现代科技思维方式与道家思想具有内在的一致性等。其主要代表人物有历史学家胡适、文学家林语堂、道学文化学者陈鼓应，以及出身于山东蓬莱的中国老子道学文化研究会常务副会长宫哲兵，崂山派传人、新道学艺术的提倡者吴丹丰等。

在新道家的努力下，道商开始兴起，新道家的养生之学进一步传播，新道家艺术进一步发展，新道家也进一步贴近人们的生活。新道家的产生和发展为道家文化的现代化作出了重要贡献。作为道家文化的重要渊源和发展之地，山东有责任也有义务进一步深入挖掘山东城市文化中存在的道家思想，并促进其发展壮大。

放眼观望，山东人耳熟能详的歌谣，山东人的生存之道，山东商人的致富谋略，都隐含着道家思想的智慧，其发展前景将无比美好。

（五）道教

道教虽为一种宗教，但其与道家有着深厚的渊源。道教的始祖老子，南华真人庄子，都是道家的重要代表人物。道教的创建借助著作《老子》与《庄子》中讲到的很多内丹心法与神仙故事，依托齐地的神仙方术，借鉴黄老思想、阴阳五行等理论，逐渐演化而成。

山东依山傍水，大海神秘莫测，海市蜃楼虚无缥缈，海上动物千奇百怪。当地人出海探海，死生无常，对自然界尤其是大海，产生了崇高的信仰。特殊的自然环境也孕育了齐地人民丰富的想象力，敢于冒险的精神、真实的故事和人们的幻想相互交织，构成了丰富奇幻的神话传说，并广为流传。此为道教产生的神话基础。

道教的理论渊源可以追溯到先秦时期的老子和庄子，但直接促成汉代道教产生的理论前提却离不开齐地的黄老道家。黄老道家与刑名法术相结合的道德法术家；黄老道家与阴阳五行家所构成的阴阳术数家；黄老道家与燕齐方士的养生之术所构成的神仙方技家，这三种文化形态是道教产生的理论前提。[1]

秦始皇求长生，齐地方士迅速传播养生之术，汉武帝求永存，黄老思想借助方术形成了较为原始的道教。东汉时期，疾病流行，社会上出现了一批"符作造书"的方士，他们组成教团，感召人民。琅琊人于吉编写了第一部道教经典《太平经》，正一派创始人张道陵为《老子》注释了《老子想尔注》。北方张角以山东等地为中心并依托《太平经》创立了太平教，传播平均主义、善恶报应等思想。魏晋南北朝时期天下不宁，南北割据，道教发展受到严重影响。北方处于少数民族的统治下，统治阶层崇佛抑道，但世家大族仍多信奉道教。《晋书·卷八十·列传第五十》记载，王羲之所在的王氏家族"世事张氏五斗米道，又精通书道"。隋唐五代北宋时期，道教受到推崇，在李唐政权时期甚至被奉为国教，道教始祖老子被尊奉为玄元皇帝，为李唐之祖。教派主要以楼观道与上清派茅山宗为主，内丹道初具其形。北宋时期天师道开始复苏，内丹道也发展成形。虽未形成势力庞大的独立派别，但在齐鲁大地上诞生了部分著名的道教名人。如茅山派宗师王知远、王栖霞，高道王希夷、刘哲等。南宋金元时期，南北道教派别分立，山东乐陵人刘德仁所创大道教和王重阳所创全真道均在山东布教发展。明政权采取"扬正一、抑全真"的政策，导致清代道教在一定程度上衰落。

---

[1] 卿希泰：《中国道教史》第一册，四川人民出版社1988年版，第64-68页。

道教作为中国土生土长的宗教，多数道教教派起源并发展于山东。道教在山东宗教文化中有着浓墨重彩的一笔，这与山东自古以来注重祭祀祖先和上神有着密切的关系。道教的发展丰厚了山东的历史底蕴，也为山东留下了宝贵的财富。道教的景观成为重要的旅游景点，作家们以道教为题材创作了各种类型的道教小说，道教思想中一些修身理念也融入了人们的生活。

道家以"朴""真"为人的本性，守"朴"归"真"而拒斥诱惑是山东人文精神的重要组成部分；齐物思维是山东文化包容兼收的特征体现。道法自然的生态观使得山东人民保有对自然的敬畏之心，深山老林、名湖大川都得到了很好的保护，构成了人与自然和谐的画面。上风上水是绝美建筑的构图，也是因地制宜的表现。辩证无为的哲学思想影响着人们的思维。道家文化在山东有着深厚的渊源，建设丰富道家文化，对发展山东文化具有重要意义。

道家文化是中国传统文化的重要组成部分，山东作为道家文化的重要发源地，对传承和保护道家文化有着义不容辞的责任。道家"天人合一"的思想已经成为人与自然和谐相处的重要标尺；道家的"本体论"和"宇宙生成论"在某种程度上十分接近现代物理学微观和宏观所揭示的真理；"为而不争"也成为商业发展的重要智慧；道家"逍遥"的人生观和"任其自然"的养生观为现代养生学发展提供了理论依据；中医、药学、数学天元术至今仍实用；道家典籍中容纳了百家思想，展示了历史长河中历朝历代的思想发展历程；道家的建筑是一笔宝贵的财富，也是艺术设计的参照；道家艺术的图符也成为重要的时尚元素。道家文化在新道家和山东各地人民的努力下已经融入了当代人的生活。道家文化与山东本地文化相互交织，对山东人民的性情、思维方式；山东本地建筑文学的发展等都产生了重要的影响。

三、佛教文化

佛教自东汉传入后，逐渐得到人们的尊奉，并汲取了儒家和道家的思想，更为梁武帝所痴迷，佛教艺术也得到了巨大的发展。至唐朝，佛教在中外僧人的推动下不断发展。武后即位后进一步予以推崇，佛寺越发普遍。到明代三家合一，佛教的发展进一步壮大。清朝时期藏传佛教得到推崇。山东虽远离佛教发源地，却是高僧云集，成为佛法学术交流的重要地点。

佛教在山东的传播大致从东汉末年开始，《三国志·无书·刘繇传》中记载，徐州牧笮融"坐断三郡委输以自入，乃大起浮图祠"，塑黄金佛像，读经浴佛传教。魏晋时期，山东处于佛教始传阶段，"有史可考的山东籍僧人仅有二人，一个叫竺潜，一个叫道宝"。[1] 竺潜又名竺道潜，字法深，琅琊王氏大族王敦之弟，是为大乘中观宗《般若经》学说六家七宗的代表人物之一。

西晋时期，师承佛图澄的竺僧朗在泰山讲解《放光般若经》，得到统治阶级的支持和民众的敬重。同时期，讲释《佛说鬼子母经》的道安、渡印求经的高僧法显等人都曾在山东留下踪迹。

东晋时期，佛教在山东的传播是以泰山为中心的。长安高僧到此传教，山东本地的僧徒也逐渐增多，较为著名的僧人有惠始、释慧静，比丘尼有竺道馨等。临清人惠始受教于鸠摩罗什，曾于395年到高句丽传教。东阿人释慧静早年游学伊洛，后传法于徐兖，其著《涅槃略记》《大品旨归》《达命论》等广为流传。泰安人竺道馨开比丘尼讲经之先河。与此同时，部分山东僧徒南渡避难传教，名僧有东莞人（今山东沂水）竺法汰、清河人释慧观、济南人僧基等。

---

[1] 江心力：《齐鲁佛教史话》，山东文艺出版社2004年版，第14页。

北魏武帝时期，佛教受到一定程度的打击。北魏孝明帝正光年间，法定禅师来方山重修受到破坏的朗公修筑的寺院，是为灵岩寺。随后，在历山（现称千佛山）等地修塑佛像、凿石镌刻。现今在历山黄石崖、驼山等地仍有遗存佛像；泰山遗有《金刚般若波罗蜜经》石刻。

佛教的传入是在不断地儒学化、道学化的过程中实现的。儒学感染了佛教超然出世的洒脱精神，以求心理平衡；佛教因果报应对注重现实的儒家思想具有一定吸引力。名士与僧尼的相互交往促进了佛教的本土化。

隋文帝生养于尼寺，即帝位后承袭北朝修寺、建塔、写经、度僧、塑像等活动。佛教自此一波又起，现今仍存有四门塔等隋朝建筑。唐朝大体承袭隋制，山东境内佛学进一步发展，寺院兴起，名僧入驻。济南长清灵岩寺、临沂兰陵郎公寺与杭州灵隐寺齐名，成为重要的佛法交流之地，也涌现了临淄人善导、齐州人义净、淄州人慧沼、曹州人义玄等著名僧人。善导恪守佛家戒律，以安心、起行、作业来修习净土法门；义净是继法显、玄奘之后著名的留学僧，其撰写了《南海寄归内法传》，翻译了《大方广佛华严经》，对佛法的交流和发展作出了重要贡献。慧沼被誉为"山东一遍照"，多次被驿征诏讲，其著作有四十多卷，对圆测、窥基等名僧的思想进行了质疑和补充。义玄为临济宗的创立者，其提出的四料简、四宾主、四照用的认识原则和教学方法，对禅宗的发展具有重要意义。

僧人势力的庞大在诸多方面影响了中央集权的稳固，唐武宗下令灭佛，"条流僧尼，毁拆寺舍，禁经毁像，收检寺物"[1]，远近皆如此。宋代佛教为寻求发展，提倡忠君爱国，主动向儒家靠拢。黑暗的政治促使名士在佛法中寻求救世的方法，促进了儒释道三家合一。理学的发展使得佛教影响力逐渐衰微。明太祖虽曾出家，但即位后对僧人采取的是

---

[1] 释圆仁：《入唐求法巡礼行记》卷四。

整顿利用的政策，此后大体方针不曾改动。由于缺乏统治阶级的支持，佛教下移，其民俗化程度进一步加深，民间佛教团体秘密结社时有发生，较为著名的有：祖籍即墨的罗梦鸿创建的罗教，寿张县人王伦创建的清水教。罗教以探索宇宙、人世、命运、生死、永恒的终极奥秘为主，并在罗梦鸿的口授下形成了五部经卷，形成了融合儒释道的完整通俗教义。清水教以无生圣母为保护神，重视劫变观，在长期的起义中，其势力不断被削弱。进入民国后，佛教期刊大量涌现，佛教团体不断兴起，佛教组织有所发展，净土庵、念佛堂、菩提寺、崇实佛学研究会都是该时期的产物。

佛教的文化含义正如其发展历程一样是多样性的，这与其产生、变革存在密切的关系。游学僧的出现表明佛教已经成为不同地域之间文化交流的纽带，对于佛教的认同成了当时这些地区之间能够进行文化交流的基础；同时，佛教也催生了一些新文化，一些沿用至今的成语，例如味同嚼蜡、空中楼阁、一尘不染等都出自佛教。我国四大名著之一的《西游记》也是建立在佛教思想的基础上写就的。总之，佛教对于齐鲁文化乃至中华文化的影响都是巨大而深远的，佛教文化的繁荣也助推了中华文化"百花齐放"繁荣景象的出现。

四、诗书曲艺文化

山东地区的"沂源猿人"与"北京人"同属一个时代。从"新石器文化"进而发展到"北辛文化"，逐渐演化成大汶口文化——龙山文化，远古人类文明发展的各个环节环环相扣，并在原始社会时期就出现了先进的工艺文化。作为传统礼乐文化的重要发展继承地，齐鲁大地的艺术创作取得了丰硕的结果，既是山东人民世代努力的结果，也是全人类重要的文化遗产。其中，诗词、书画和曲艺是山东文化艺术的重要遗产和保存形式，下文拟通过对其历史文化的梳理，展现山东文化的底蕴，为现代艺术发展提供借鉴。

（一）诗词文化

诗词歌赋作为中华文化独有的一门语言艺术，生动地体现着中华文化的基本精神内涵，展现了中华民族语言独特的魅力，是中华文明史上璀璨的明珠。从诗经的"风雅颂"到孔子援琴而歌"予欲望鲁兮，龟山蔽之。手无斧柯，奈龟山何"，从建安风骨建安魂到游历于泰山的杜甫发出"齐鲁青未了"的赞叹，从婉约派词人李清照借"花自飘零水自流"抒发出少妇对丈夫的思念到豪放派词人辛弃疾发出"男儿到死心如铁，看试手，补天裂"的豪情壮志，齐鲁大地从不缺乏文人与时代的碰撞。

1. 诗经发源地，开创诗歌的先河

作为我国第一部诗歌总集，《诗经》在中华民族文学发展史乃至世界文化发展史上的地位不言而喻，齐鲁大地正是《诗经》这部宏伟巨作的发源地之一，早期齐鲁文化的文学作品也是借由《诗经》才得以保存。由于《雅》《颂》多为朝廷正乐，因此体现民间文化的民乐集中于《国风》中，其中《齐风》的十一首诗和《曹风》的四首诗均来自齐鲁文化，而《雅》《颂》中也存在一定数量的源于齐鲁文化的作品。

雅诗和颂诗主要源于朝廷正乐，故有富丽堂皇的特点，其代表作为《鲁颂》和《小雅》中的《大东》；而《风》则来源于民间劳动人民的生活，具有活泼自由的特点，相较于庄重严肃的《雅》《颂》，《风》中的诗歌更加抒情，具有浓厚的生活气息。

《诗经》在中国文学史上具有崇高的地位和深远的影响，它真实地反映了古代社会面貌，讴歌了劳动人民，鞭挞了统治阶级，深刻影响着整个中国诗歌文化乃至整个中国文学史的发展，极大地促进了中国诗歌艺术的形成。在文学创作上，《诗经》开创了"赋、比、兴"这一重要的表现手法，这一表现手法一直被沿用至今，是中国古代诗歌的重要特色。同时，《诗经》描绘了一幅幅生动形象的历史画卷，真实地反映了先秦时期的社会风貌，是一部内涵丰富的先秦时期的百科全书。孔子高度评价其"一言以蔽之，曰：思无邪"。

2. 建安风骨流传后世

魏晋南北朝时期，社会动荡、黑暗，政治、经济、文化都发生了巨大的变化。这一时期思想的解放促进了文学的发展，最具代表性的文学时期是建安文学时期。建安七子中，王粲、徐干、刘桢、孔融均为山东人，因此建安文学的兴起与山东诗词文化的兴起密不可分。相较于前人，建安文学的大家们不仅扩展了写作题材，还吸收了汉乐府诗歌中朴素、刚健的文化特色，形成了世人称道的"建安风骨"。"建安风骨"的形成开启了山东诗歌文化的黄金时期。

王粲是建安文学最具代表性的人物之一。王粲，字仲宣，山阳郡高平（今山东省微山县）人，由于其在文学方面的巨大贡献，与曹植并称"曹王"。王粲的代表作为《登楼赋》，是其旅居荆州时所作，通过简洁明快的语句感叹自己怀才不遇的同时，抒发对故乡的思念，广为世人传颂。

3. 唐朝时期山东诗词文化低迷

唐朝是诗歌发展的巅峰时期，这一时期诗人辈出，从"初唐四杰"到"吴中四士"，从大小"李杜"到"王孟""高岑"，名动诗坛的文人墨客层出不穷，脍炙人口的诗歌琳琅满目，然而就在这繁盛的诗歌发展的黄金时期，山东诗坛却一片沉寂。即使是整个唐代，能被广为流传的山东诗人仍是寥寥无几,反而是众多来山东游历或被贬职到山东任职的文人雅士留下了不计其数的文学作品。

"李杜"凭借文辞绝妙的诗作登顶中华诗歌创作的巅峰,韩愈评价他们"李杜文章在,光焰万丈长"。尽管这两位诗人不是山东人,但在山东游历的过程中,两位诗人留下的传世之诗,也足以使唐朝时期山东的诗歌文化不逊色于其他地域的文化。

4. 宋朝时期山东诗词文化重新焕发生机

及至宋朝,词这一更适于歌唱且同样具有极高文学艺术价值的文学体裁开始得到迅速发展。宋词作为中国诗歌文化发展史上璀璨的明珠,也使得山东的诗词文化重新焕发生机,一大批富有才华的词人再度涌现,他们在中国文坛上也有着极为重要的地位。

宋朝最具代表性的词人非婉约派李清照、豪放派辛弃疾莫属。

李清照,号易安居士,山东济南人,宋代女词人,婉约派代表,由于其在词作上的巨大贡献,有"千古第一才女"之称。李清照的创作可分为三个时期。第一时期为天真活泼,无忧无虑的少女时期。这一时期的李清照未经世事,其词作多为"和羞走,倚门回首,却把青梅嗅"的活泼少女的形象;第二时期为离愁别绪,思念丈夫的少妇时期。丈夫赵明诚出知莱州,李清照独居青州时,"莫道不消魂,帘卷西风,人比黄花瘦"的思妇形象跃然纸上;第三时期为国破家亡,流离漂泊的中年时期。宋朝国势衰微,中年时期的李清照经历了国破家亡的痛苦,只能通过"寻寻觅觅,冷冷清清,凄凄惨惨戚戚"来抒发心中的愁思。然而李清照并非一个面对不幸只能低头接受的弱者,即使是面对生命中的种种不幸,她也写下了"生当作人杰,死亦为鬼雄"这样的充满巾帼豪情的诗句。李清照的词在百花争艳的宋词中独树一帜,极具特色,这种清新自然的风格对后世产生了深远的影响。

辛弃疾，字幼安，号稼轩，山东济南人，是豪放派的代表，与李清照并称"济南二安"。辛弃疾一生以收复中原为志向，早年参与耿京起义，擒杀叛徒张安国，爱国热情高涨，但其一生怀才不遇，壮志难酬，面对南宋朝廷的软弱，辛弃疾也无力回天，满腔的爱国热情无处宣泄，最终只能郁郁寡欢，抱憾病逝。辛弃疾的词作特点鲜明，词如其人，大气磅礴，畅快淋漓，读来慷慨激昂，气势雄厚，如"想当年，金戈铁马，气吞万里如虎"。辛弃疾的部分词句沉郁悲痛，读来不觉落泪，"了却君王天下事，赢得生前身后名。可怜白发生！"令人不由得对这位抗金勇士肃然起敬。与婉约派词人李清照也有豪放之时相似，辛弃疾也常有不失婉约之情的词作，如"蓦然回首，那人却在，灯火阑珊处"引发人的无限遐思。

5. 元朝时期杂剧、散曲的盛行

中国文学史上素有"唐诗宋词元曲"一说。唐朝诗歌兴盛，及至宋朝，词成为主流的文学体裁，而元朝则以杂剧和散曲在中国文学史上享有重要地位。元杂剧是在金院本和诸宫调的基础上，融合各种表演艺术而形成的一种完整成熟的戏剧形式。它有机地融合了歌舞表演等诸多艺术形式，按照文学剧本表现出来。而散曲则建立在宋词的基础之上，根据其篇幅长短可为分小令和套曲。小令为单支创作的篇幅短小的曲子，按曲牌创作，而套曲则是多首同一宫调的小令相联成的组曲，又称"散套"。

山东较为著名的杂剧剧本作者为高文秀。高文秀，东平人，元代戏曲作家，由于其杂剧成就斐然，后人称其为"小汉卿"，其代表作《渑池会》在元杂剧中占有极其重要的地位。

张养浩的作品是元曲的另一表现形式。张养浩，字希孟，号云庄，济南人，又称齐东野人，是元代的重要名臣，位高权重，其文采斐然，是散曲的代表人物之一。在深谙为官之险恶后，弃官回乡，归隐不仕。

张养浩为世人所熟知得益于其著名散曲《山坡羊·潼关怀古》和《山坡羊·骊山怀古》，曲中苍茫悲凉的景色具有极强的感染力，使人读来不由得倒吸一口凉气，张养浩通过这两篇散曲，将黎民百姓水深火热的生活境地表现得淋漓尽致。

6. 明清时期诗歌的衰落

尽管明清时期仍然涌现出较多的著名诗人，但作为传统文学的诗歌日渐衰落，取而代之的是小说的兴起。尽管著名诗人李攀龙等人将复古运动推向了一个新的高潮，但他们在创作上存在着较为明显的局限性。相较之下，小说更为大众所接受，中国古代四大名著就诞生于小说创作辉煌的明清时期。

在齐鲁文化中，诗词文化一直是一颗闪耀的明珠，从最初的《诗经》到建安风骨，从游历山东的著名诗人词人到"济南二安"，尽管在发展过程中跌宕起伏，但诗词文化中所蕴含的强烈的思想感情，即使跨越了千年的时光，依旧拨动着我们的心弦。其背后的人文主义内核是山东文化的重要组成部分，对于山东城市文化的发展具有极为深远的影响。

（二）书法

书法作为华夏独有的艺术形式，在辉煌的齐鲁文化中添上了浓墨重彩的一笔。著名的秦代《泰山刻石》，数量庞大的汉碑，书法传奇琅琊王氏王羲之父子的作品，楷体模范颜真卿的作品，"浓墨宰相"刘墉的作品……书法遗产之丰在全国极为罕见。

各个时代的书法作品及其理论思想给现代书法家以启迪，发人深思，对于书法创作的研究和传统文化的继承具有重要意义。

早在 6 000 年前，大汶口遗址出土的陶片上出现了文字雏形的刻画符号，出土的商代"亚丑"钺和小臣艅犀尊反映了铭文的形态；齐国文字秀丽劲挺，鲁国文字整齐雄伟、繁缛严谨。进入封建时期，秦朝实行"书同文"，以小篆为官体，现存秦代书法作品以石刻为主，如《泰山刻石》《琅琊刻石》，可见小篆之端庄典雅、体正势圆。汉代以隶书为主，其保存方式有竹简、石刻、碑文三种形式。临沂银雀山出土的西汉竹简上以早期隶书所刻写《孙膑兵法》，圆转厚重、势如破竹、舒展自然，反映了早期隶书的书写特点和西汉书法的艺术成就。山东曲阜的《五凤刻石》、邹城的《莱子侯刻石》等作品反映了篆隶转化时期民间书法的古拙、劲健、饱满、率真的特点。东汉时期曲阜的《孔庙碑》《礼器碑》、济宁的《鲁峻碑》承载着成熟的隶书字体，其风格各异，有的庄严谨慎，有的活泼可爱，有的古朴自然……展示了汉代书法审美趣味。

魏晋南北朝时期朝政动荡黑暗，在书写工具不断发展的基础上，书法成为士人抒发情怀的重要工具。在琅琊王氏和高严郗氏等大族的推动下，书法字体更加多样，涌现了出类拔萃、彪炳千古的"书圣"王羲之和"小圣"王献之。王羲之兼善隶、草、行、楷各体，笔势委婉含蓄、遒美健秀，其所写《兰亭集序》被誉为"天下第一行书"。王献之博采多家，其草书润秀风流，气势恢宏；楷书严整俊美，矩规方正。在此时期，石刻仍体现了书法家的高超技艺。曲阜的《张猛龙》碑刻，泰安的《泰山经石峪金刚经》石刻，都反映了当时的书法艺术特点。书法艺术的又一大高潮在唐代。原籍山东临沂的颜真卿的颜体结体端庄、气势开张、一字千钧，展盛唐之豪气。"宋四家"风格迥异引领风潮，其中苏、黄、米三大家在山东都留有墨宝。明朝帖学盛行，临邑人邢侗深得王羲之的神气，可以假乱真。清代随着考据学的发展，碑学兴起，"扬州八怪"之一的胶州人高凤翰，是少有的双手书法奇才。右手书法严谨流畅；左手书法承魏晋、传元明，古趣横生、神气流转。诸城人刘墉被誉为"浓墨宰相"，其书体丰劲，浑厚敦实，是帖学的集大成者。

山东书法文化体现着深厚的时代特色，又具有独特的地域特色。独具特色的山东书法文化开展了对古代书法文化的研究和书法方法的传承，以及书法成果的保存鉴赏工作，有利于形成书法审美情趣。

（三）绘画雕刻

绘画能够最直观地反映出绘画者眼前所见或心中所想的景物，通过绘画的内容可以在一定程度上窥见历史的真实存在和思想的变革。绘画从最初的记事功能逐渐演变成一种艺术形式，在漫长历史进程中发挥了重要的作用。

山东龙山文化出土的黑陶上，流畅的纹饰和优美的造型都反映了审美的自觉发展。商周时期出土的青铜器反映了当时尊崇自然的思想和图腾崇拜。山东绘画历史的第一个高潮是汉代绘画艺术，其中最具代表性的为画像石。各地的画像石表现出不同的风格，展示的内容也是丰富多样的，多依画像石用途而画。画像丰满，具有动感气势，体现了艺术的活力。纯熟的阴线刻、浅浮雕与线刻结合等二十多种雕刻技法反映了汉代高超的艺术成就，具有代表性的是孝堂山石刻、嘉祥武氏祠石刻。在山东临沂金雀山出土的较为罕见的西汉帛画上，有红、蓝、白、黑等色，绘有神仙传说和生活图景，绘制方法、颜料运用和写实程度都达到了一定的水平。魏晋时期玄学发展，在当时社会的黑暗统治下，山水画成为士人表情达意的工具，加之汉人多数南迁，也使得绘画中心转移到南方。北方则以佛像塑造为主，其所造石像以郎公寺为例，多秀骨清相，婉雅俊逸。隋唐时期，山东诸如驼山石窟等地的佛像展现出健康丰满、和蔼可亲的形象。北宋时期，山东涌现出了李成、张择端等著名的画家。青州人李成精通山水画，其画"气象萧疏、烟林清旷"，现存有《读碑窠石图》。东武人张择端的风俗画《清明上河图》被视为传世佳作，该作品采用了散点透视构图法,巧妙的布局以及高超的写实手法推动了当时风俗画进一步发展。明清时期文人画进一步发展,原北海人崔子忠刻画人物时取法唐宋,颇具古意,独具特色。

这些绘画雕刻作品美化了人们的生活,丰富了文化底蕴,为历史研究提供了参考借鉴。各种艺术品的创造反映了人们艺术手法的多样,也为当今绘画雕刻技艺的发展奠定了基础,提供了方向。齐鲁大地的绘画雕刻展现了该地独有的艺术风采,也反映了在漫长历史长河中齐鲁文化独占鳌头的风采。

(四)曲艺

劳动创造艺术,民歌作为最直接的曲艺形式之一,从简单的诗歌到后来的说唱词曲,曲艺由无到有,逐渐独立出来。山东自古为文化要地,多种文化的交流和本地人民的创造,使得词曲在民歌号子的基础上形成了形式多样的曲艺音乐。

传统音乐中蕴含的地域文明的认识价值和审美价值对于自身文化的肯定、传承和创新具有重要意义。

原始文化中祈雨求阳的巫术仪式被视为歌舞的原型。潍坊出土的新石器时代的陶埙可以发出两个乐音。到舜时期已经可以"正六律、和五声,以通八风"(《汉书·礼乐志》)。到了春秋战国时期,鲁国的音乐和齐地的舞蹈都有了一定程度的发展。由于鲁国与周王室的血缘关系,鲁国敬重传统礼乐,其较为完整地继承了虞、夏、商、周四代之乐。鲁国的礼乐传统经由孔子师徒弘扬,深刻影响着齐鲁文化。齐国古都临淄附近出土了大量的乐器,齐国的宫廷乐在同时期也占有重要地位。《诗经·齐风》以磅礴的气势展示了齐地音乐的风格。这些元素的积累为后期曲艺的发展奠定了基础。山东渔鼓源于道曲"九真""承天"等。南宋以渔鼓简板伴奏，后以民间故事为题材，逐渐流行。山东琴书起源于明代中期自娱演唱的"庄家耍"，多人持不同乐器伴奏，唱主说辅，《白蛇传》《杨家将》《梁祝姻缘记》是其重要代表作。山东大鼓产生于明代中叶，最初以犁铧碎片伴奏，其曲调婉转，传统曲目有《黑驴段》《拎娃娃》等。

山东多样的地形造就了差异明显的文化，不同地形人们的方言又为曲艺提供了丰富的曲调和题材。品评曲艺不仅可以陶冶艺术情操，还能品读地域文化的博大精深。山东曲艺来源于人民的生活，也是基层群众喜爱的文化产品，其中包含着独特的艺术价值和地方文化元素。

五、小　　结

齐鲁大地，人杰地灵，是中华文明重要的发祥地，也是中华民族传统文化的缩影。齐鲁文化保留着先人们丰富的思想成果，蕴含着齐鲁人民的精神追求，融合了多家文化思想派别，成为中国文化发展的重要支柱。齐文化开拓创新的"智者"精神，与鲁文化注重仁义的"仁者"精神，在竞争中相互交融，一张一弛，增强了齐鲁文化的张力。在走向现代化的道路上，山东虽拥有丰厚的文化底蕴，但在发展传承的过程中，部分文化已经遗失，保存至今的文化也并未得到充分的利用和开发。面对巨大的、丰富的文化矿藏，我们还要对各种文化进行筛选，无论是选择吸收还是摒弃，都应建立在我们对齐鲁文化的全面的认知下。只有基于此，我们才能更好地继承并发扬齐鲁文化。这对于我们充分认识山东城市文化、了解地域文化差异、合理利用地域文化优势都具有重要的启迪意义。山东在促进自身文化和传承发展中华民族文明的艰巨任务上,任重而道远。通过保留山东文化自身特色、借鉴其他地区开发经验,进一步促进文化的创新发展,让城市充满文化,让文化充满未来,让未来充满价值。

第三章　欧美风雨、西学东渐
——近代交通发展与山东城市文化

时至晚清，一大批中国的有识之士在经历了鸦片战争、签订一系列不平等条约后意识到了向西方学习的重要性，"中学为体，西学为用"以及"西学东渐"的思想开始影响着近代中国的各个方面。

西方新思想、新文化、新技术传入中国，引起了多个领域的变革。山东省交通、通信行业在欧美风雨的浸染下，自晚清起逐步走向近代化，直至抗日战争时期发展成熟。本章将目光放在山东省近代交通、通信行业发展这一主题之上，探讨其原因及表现，以期进一步了解山东城市文化。

交通与通信依附于政治、经济而存在，而山东省近代交通与通信的发展变化也是依附于政治、经济的发展变化而发展变化的。

一、山东近代城市交通整体概况

（一）近代公路交通

公路的发达程度决定着整个交通运输行业的发展。经济的交流、文化的进步、运输行业的发展等都建立在公路系统的建设之上。公路系统的不断完善，各个方面交流的程度进一步加深，又是建立在科学技术的发展之上的。

自古以来，山东的陆路交通四通八达，主要分为官路和大路。因受历史因素的影响，西方先进技术传入中国，进而传入山东。山东省落后的道路系统受到冲击，山东当局开始修建公路。至民国，山东当局陆续筹划建设公路，进而汽车运输行业兴起。至抗日战争前，全省拥有通行汽车的道路达到5 330条。

1. 官路与大路

中国自古就很重视陆路交通的建设，"秦治驰道"就是陆路交通建设的历史证据之一。自秦以后各朝，将路称为"驰道"或者是"驿道"；至元时，称路为"大道"；清朝时称为"官路"和"大路"。所谓官路，即清朝时以北京为中心设置的通向四方而达于各省省城的道路。所谓大路，就是各个省城设置的官路的支线，通到省城的主要城市。

中国古代实行的是土地私有制，人们将土地问题看得极为重要，而"官路"是不必缴税的、"公有"的、不允许侵占的、可供大家使用的土地。单就官路来讲，行经山东的官路主要有两条：一条是自北京经山东至广东，为广东官路；另一条是自北京经山东至福建，为福州官路。联系当时的社会现实，这两条官路最初的设置也都是政治、经济原因使然。这两条官路最初时设置驿站，目的是便于传递官文，供官员和差役往来、运送田赋以及粮饷等，故称其为驿路。

近代以前山东主要的交通要道是驿路，并以此为基础，使得山东近代的陆上交通和运输道路逐步发展起来。1882年《山东书简》（1848年初版）重刊的《山东考古路》"图考"中所绘的全省总图和各府分图道路有11条，其中包括近代山东的主要陆路交通。这11条道路分别是：（1）济南至留智庙（今河北衡水）线，中经齐河、禹城、德县（今德州）；（2）济南至潍县（今潍坊），中间经过章丘、邹平、长山（今邹平县长山镇）、青州、昌乐；（3）济南至临清线，中间经过齐河、伦镇、高唐；（4）济南至东昌（今聊城）线，中间经过齐河、茌平；（5）济南至武定（今惠民）线，中间经过济阳；（6）德县至铜山（今江苏徐州）线，中间经过恩县（今恩城）、高唐、茌平、东阿、东平、汶上、滋阳（今兖州）、邹县、滕县、临城（今薛城）、沙沟；（7）泰安至红花埠线、中间经过新泰、蒙阴、兰山（今临沂）、郯城；（8）潍县至登州（今蓬莱）线，中间经过昌邑、莱州、黄县；（9）齐河至滋阳线，中间经过张夏、宁阳；（10）济宁至曹州（今菏泽），中间经过嘉祥、巨野；（11）济宁至汶上线。[1] 这11条道路并不是整个山东省的全部通道，省内各地之间还有许多道路连接这11条道路，另外还有许多其他的道路用于连接山东省和邻省等。

2. 公路的建设

公路，按字面意思理解即用于公共交通的道路，俗称为"马路"。

约在18世纪时，英国开展工业革命，工业的发展急切需要交通运输状况的改变，以满足工业原料、物质生活用品等的供应，同时日益健全的交通工具也需要道路系统的改变来适应。陆路交通的落后成为社会进步的一大阻碍。为此苏格兰人约翰·马卡丹设计了新的筑路方法，用碎石铺路，路中偏高，便于排水，路面平坦宽阔，这种路被取名为"马卡丹路"后来俗称"马路"。马路的出现使得英国的陆路交通如水路交通一般通畅，进一步促进了英国工业革命的发展。

公路的发展也包括技术不断进步和建筑材料不断更新。公路的最早

---

[1] 陈新岗，张秀英：《山东经济史》，山东人民出版社2011年版，第409页。

形态为土路，但其容易坏；欧洲率先出现了碎石路，后来又出现了砖块路；再之后将沥青铺在碎石上，出现了"公路"。

山东近代公路的建设开始于清朝末年德国侵占胶州湾后，但是公路运输业务却不是始于此，而是始于商业经营。1904年，德国开始在青岛修建台东镇至柳树台公路。这条公路修建的最初目的是便于从海上转运木材、水泥、钢筋等建筑材料，供德国人修建疗养院及游乐场所，而不是用于商业经营。这条公路可以说是山东省内修建的第一条公路，也是之后的德国修建其他10条公路中桥梁最多、路线最长的一条。台柳公路由德国人出资，所以他们以修建公路为其出资为由，说明土地为其所购买，禁止中国人使用，甚至出兵保护。

1919年以前，山东省境内所通行的公路全是外国人修建的。1919年的山东省议会《修治山东水路道路计划概略》指出"全省路线拟就近铁路、航路、商埠口岸及商业、物产丰富、水路防务重要各区域，察度形式、分列干支，先行修治，以能行载汽车为目的"，提出在山东省内修建7大干线、12条支线的公路修筑计划。由此可见，此时建设公路的主要原因还是交通运输工具的改变。至1920年。山东修成5条公路；1921年德临路由临清延长至南馆陶，改称德南路；1922年，北洋政府修筑了烟台至潍坊以及青岛至沙河的公路，并且烟潍铁路是该时期第一条横贯山东半岛的公路；截至1927年，山东省总共建筑17条公路，共长2 181千米；1937年以前，山东共有公路总长6 183千米。

在这一时期的鲁营汽车公司以客运为主，并且其建址地与客运路线大多在鲁西北和胶东地区。但是该汽车公司发展之路较为崎岖坎坷：一是修建路况差，效率低；二是车辆损坏严重，又因为技术等问题的限制，车辆无法得到及时的修理，运输行业的载体无法得到保证，企业的收入时高时低；三是缺乏管理经验，国内缺乏汽车运输业的前车之鉴，各个方面的管理均无章可循；四是社会环境得不到保证，军阀混战、战乱不已，公路运输的车辆时常被征用，运输公司的业务无法正常进行。所以直到 1927 年，以人力、畜力为动力的非机动车仍是民间陆上交通最主要的工具。

（二）近代铁路建设

近代西方由于其工业革命后强大的生产力，对华资本输出过剩，因此在华修筑铁路成为西方资本主义侵略者想出的解决资本输出过剩问题的新手段。鸦片战争以后，清政府国库储存、财政能力大幅度下降，导致近代中国的主要铁路干线都是在举借外债的条件下修筑完成的。

在抗日战争爆发以前，山东省内的主要铁路有两条：一条是德国修建的胶济铁路；另一条是清政府向英国、德国借款修建的津浦铁路。20 世纪初，胶济、津浦铁路修建通车后，基本上代替了原来的普通道路的运输任务，在山东省的交通运输中占有重要的地位，为山东省经济起了较大的推动作用。

1. 胶济铁路

胶济铁路的修建由德国人主持。德国侵占山东，并于 1898 年签订《胶澳租界条约》，在权衡利弊之下德国选择了修建由青岛到济南的胶济铁路。

在《胶澳租界条约》签订之后，德国资本家设立德华银行，于 1899 年在柏林组织设立了德华山东铁路公司，并在德国政府的允许下监督铁路的修建过程。但是由于德国擅自修建铁路，并且"办之购地迁坟诸事，均无一定准则"，再加上德国的修路人员对当地的农民多加勒索压迫等原因，激起了当地人民的反抗，导致铁路的修建出现了暂停的状况。

在经历了几个月的协商后，1900 年 3 月 21 日，山东巡抚袁世凯与德国驻胶总督叶世克联系，签订《胶济铁路章程》28条。该章程规定了中德双方在铁路修建过程中的权利和义务。虽然德国妄想铁路的修筑权和经营管理权全部归德国所有，但是为了平息当地人民的怒气，他们迫不得已将股票拿出一部分放到上海和济南等地出售，又由于当时社会状况的限制，中国政府缺乏资金、商人并不想投资外国企业等原因，导致股票并未成功在中国内陆出售。除此之外，由于德方占据主导地位，所以在这个章程中德方规定了中方军队的安保作用，并且细致地描写了在遇到紧急状况时中方对此铁路的使用权限。因为在此之前人民反抗状况的出现，所以在这个章程中也对德国侵略者的权力做了限制。该铁路虽由德国人主持修建，但是在制定该章程的内容时为中方以后赎回铁路保留了余地。

至1902年，周馥接任山东巡抚，省库拨出白银25万两，购买铁路、矿务公司股票各300股，每股1000马克，共计60万马克。[1]虽然取得了派官员驻扎潍坊、办理事务的权利，但是却没有取得"会同办理"的权利。

胶济铁路于1899年开始修建，1904年全线贯通。修建时分为若干段同时开始施工，1901年4月9日修成青岛至胶州一段，1902年6月4日修至潍县段修成通车。青岛至济南干线总长为395.284千米。除修建干线外，德国人为了掠夺淄川、博山地区的煤炭等资源还修建了从张山到博山的线路，长度为38.87千米；修建了淄川至黉山的支线，长度为6.5千米。1904年这两条支线竣工后，由于德国人掌控山东的交通大权，山东省为了牵制德国日益强大的交通控制权力，1905年，在山东巡抚胡廷干的批准之下，还修建了小清河支线。

小清河支线分为两段，一段是济南西关车站至黄河岸边泺口车站，

---

[1] 民国《胶澳志》卷六，《交通志》。

全长约2千米；一段由泺口至小清河岸的黄台桥，全长约6千米。在修建济南至泺口铁路时，原来自修的想法在胶济铁路公司的要求之下未能实现。1905年2月，山东省被迫与之达成共识，由山东省预付造价2万两白银，铁路建成后产权归属山东，但是仍租给德国，年租金800两白银。1906年4月，该路段修成通车。但是泺口至小清河岸的黄台桥的这条线路成功由小清河轮船公司修成，同年4月也修成通车。

胶济铁路是德国在山东修建的最长、经过桥梁最多的一条铁路。为了修建胶济铁路共修建大小桥梁35座，共长6 395米；全路干线共有车站55座。这条铁路的修建自然也耗资不少，整条铁路包括干线和支线耗资约52 90万马克，后随着铁路营业的发展每年又需要另外投资，至1911年投资累积达到5 692万多马克。同时，德国公司为了赚取更多的利润，选择大量雇佣华人为工人。

胶济铁路在1904年全线通车，带来了巨大的利润，营业额逐年上升，在1905到1913年这九年间平均每四年营业额增加100万马克，九年间共获得纯利润1 950万马克，载运游客812.7万余人，载运货物556.7吨左右。

2. 津浦铁路

承载起山东铁路交通的另一条铁路干线是津浦铁路。津浦铁路起自天津，终点为浦口，1908年7月开工修建，1912年11月建成通车，总长度为1 013千米。津浦铁路与胶济铁路有很大的区别：胶济铁路为德国人主持修建，管理权归属于德国；津浦铁路由清政府向英、德两国借款修建，但是管理权仍归属中国。这条铁路从山东穿过，到达南京浦口，经过山东的部分长约420千米，北边起自桑园站，南至韩庄站。

修建津浦铁路之初，本意是修建由天津至镇江的津镇铁路。但是由于中国人民的抗争，导致铁路的修建在资金、修建方、线路等方面均产生了改变。

1880年，刘铭传倡议修建津浦铁路，但是遭到了当时顽固派的强烈反对，直至1896年，江苏补用道容闳再次发起该筹划，该铁路的修建再次提上日程，并于1898年2月得到清政府修建该铁路的允许。该铁路的修建最初打算向美国借款，但以失败告终，后将目标转向英国，但又遭到德国的阻碍。因为该铁路修建成功极有可能会影响到胶济铁路的收益，进而影响德国公司赚取利润，德国方面便以山东境内的铁路修建权力在德国手里为理由强迫该铁路路线西移。清政府被迫同意。一边是德国的逼迫，另一边，俄、法两国又以该铁路路线的西移会影响到京汉铁路的正常运行为理由，向清政府提出抗议。当时，英、德结成联盟，私下商议后认为俄、法两国经营京汉铁路是为了垄断长江流域。为了阻止这种行为，英、德提出贷款给中国修建铁路，但条件是天津至济南或至山东省北界另一地点的铁路，由德国方面建修，且建成后全部由英、德两方联合经营。[1] 英、德两国施加的压力使得清朝迫不得已派出许景澄和张翼为该路督办和帮办大臣，同英、德谈判借款合同。谈判过程中，在许景澄的坚持下，再加上总理衙门和德国外交部的交涉，1899年3月，德国迫不得已答应将该铁路经过山东的一段交由中国借款修建，并且在这时利用德军入侵日照之事，逼迫清政府于同年5月签订借款草合同。清朝修建铁路资金来源于德国的德华银行和英国的汇丰银行以及中英公司，借款金额为749万英镑。

借款草合同的签订并不代表铁路的修建可以提上日程。在英、德两国勘探完路线，清政府准备修建并且议定签订合同的时候，1902年8月，德国提出要德州至正定、兖州至开封两条支线的铺设权，借款修路的日

---

[1]《英德两国金融资本代表会议记录》，《中国近代铁路史资料》第2册，中华书局1963年版，第397页。

程便又被搁置了。1904年,直隶、山东、江苏三省绅民强烈要求废除借款草合同,将铁路收归自办;1905年七八月间,天津商会准备与济南商会联合共同修建津镇铁路,专用华人资本不用洋人资金;1906年3月,清政府再次与英、德协商借款合同;1908年1月13日梁敦彦与英、德银行代表签订了津浦铁路借款合同。在人民的反抗斗争之下,英、德两国迫不得已做出了让步,即铁路的一个终点站由镇江变为浦口,借款总金额变为500万英镑,铁路的修筑权归属中国等。

津浦铁路的修建主权归属中国,打着中国自办的旗号,但从工程建造直至管理,实质上全部掌控在外国人的手中。所以铁路修建过程中德国人会考虑其自身的利益情况进而对铁路的修建做出适当的改变。比如在修建济南以南的路段时,德国工程师杨德尔以德国在山东享有沿路开矿权,取消济南以南路段走济宁的原路线,改为走曲阜、滋阳、邹县。原因就是这里多丘陵,煤炭资源丰富。本来山东人民就对德国修建铁路的行为不满,山东商人的本意也是铁路的修建权应当掌握在山东人民手中。所以在德国修建济南以南路段的方案改变后立即引起大部分人的不满。1907年,济宁绅商各界代表纷纷表示,津浦铁路绕开济宁是屈从于德国的意志。在斗争中,无论是德国人还是中国人,都对该段铁路进行了反复的勘察,但德国方面杨德尔和李春湘均坚持走曲阜、滋阳、邹县的路线。在多次协商之后,邮传部决定线路不变,其给出了两个理由,且均集中在资金方面。

1908年6月,天津至峄县间铁路自天津开工;1909年2月,峄县至浦口间铁路由浦口开工;1911年10月22日,南段路竣工,12月6日北段竣工;1912年11月28日,黄河泺口铁路大桥落成,全线通车。津浦铁路在济南西站与胶济铁路相连,在某种程度上,可以说津浦铁路和北京以及西伯利亚的铁路相连。直至1917年第一次世界大战时,中国向德国宣战,德国在津浦铁路北段的权益才被废止。

3. 其他铁路建设

津浦铁路和胶济铁路这两大铁路干线都是在外国的执掌下建成的，但是在当时帮助山东铁路经济发展的并不是只有这两条铁路，还有许多作为支线而存在的铁路。

由山东省政府或商人议定修建的铁路有：烟潍铁路、兖豫铁路、胶沂铁路。但是这几条铁路皆受各种因素的制约以失败告终。

比如在修建烟潍铁路时，制约其修建的因素一开始有资金问题、德国人的阻挡问题等。德国人考虑到如果该铁路一旦修建成功，那么烟台的商业必定会繁华起来，青岛的商业自然会受影响，德国商人在华的利益也会减少，所以对该铁路的修建一开始便有意刁难。后来烟台盎司洋行执事谭宗灏出面邀集绅商学界协商募股，并自出200万元作优先股，其余股份由各界人士认股，得到大家一致认可。但因德国侵略者的各种阻挠，而后又陷入与邮传部的"部办"或"官督商办"的纠结之中。烟台商人们经讨论后，决定筹集资金进行"商办"。

但是在进行商办的时候就要考虑到商办可能会遇到的相较于"官督商办"来说更多的问题。因为在缺乏政府的政策及其他支持之下，不确定因素也就更容易发生，如德国出于自己利益的考量对修建铁路的阻碍、资金的不充裕、邮传部的不予批准等。在各种压迫之下，烟潍铁路的修建阻碍重重，迫不得已夭折。

在当时的历史情况下，山东省政府克服种种困难，对近代铁路建设付出了艰辛的努力，取得了一定的收益，就比如前文所讲述的在强大的胶济铁路面前为了尽力地挽回中方利益而修建的小清河支线；为了弥补"津镇铁路"变为"津浦铁路"路线改变导致的损失而修建的兖州直达济宁的兖济支线等。

中国铁路的修建不仅仅是在英、德这两个国家的掌控之下，当时的日本也从中分了一杯羹。1941年竣工的石德铁路是为了联系平汉和津浦这两条干线，一端起自河北石家庄，另一端为山东德州，全长180千米。修建方为日本，目的是掠夺山西的煤炭资源。

（三）近代水路航运开发

近代交通运输业的发展主要包括水路、公路、铁路这三种运输方式的发展，而且海上运输业和铁路运输业在近代化城市发展中表现得尤其明显。水路的发展可以分为外河航运和内河航运这两部分，其实也就是海运和河运。

1.海运

其实明代的造船业还是很发达的，郑和下西洋就是很好的一个例证。但是到了清代之后，造船业就明显没有明代那么发达，并且随着外国资本主义的发展、工业革命的完成，中国成为列强的觊觎之地。外国的轮船随着商品经济的发展首先在中国沿海通行。

近代山东的海运港口主要有三个：青岛、烟台和龙口。这三处均是对外通商口岸。甲午战争后总理衙门曾打算在青岛建设兵船停泊的场所，1897年初北洋大臣王文韶、山东巡抚李秉衡派人调查之后，认为资金不足以支持建设，便打消了念头。随着1872年中国轮船招商局的成立，山东商人于清朝末期也组织了一些小型轮船公司，进而山东沿海地区的轮船也随之增多。到1933年，青岛的华资轮船公司达17家，烟台有8家。

清末中国航运行业有了进一步发展，根据主体的不同分为外资、官办、民族这三种类型。

（1）外资航运业

所谓外资航运业，就是外国人在华投资开办的航运公司等。主要集中在烟台、青岛、威海、龙口这几个地方。青岛的航运基本被德国航运势力把持；威海的航运大权掌握在英国人手中；而烟台的航运情况有点复杂，烟台海关自1863年被英国人夺走，之后的八十余年里，烟台港的管理等都掌握在外国人的手中。

1914年1月，袁世凯明令龙口开埠，目的是主动维护龙口的商权，协助东北的开发，并争夺正在强势发展中的青岛的商务。在这之前，行驶于这个小港口的轮船有24艘，吨位达到13 121吨位，年往返可达566航次，总吨位达286 845吨。因此早早地就受到了列强的垂涎，在龙口设栈贸易。因为此时并未宣布龙口开埠，日本又因为早早地就在龙口、烟台等地往返并进行航运，所以在经过仔细地实地考察之后，日本向中方提出了开放龙口港的要求。1914年龙口开埠，1917年成立商埠兴筑公司，1918年在山东省署、外交部等商议之下，决定于9月4日由上海美商慎昌洋行承包码头工程，总造价12万。1919年8月15日落成，新码头长900尺左右，宽30尺左右，可停靠5艘大轮船。

第一次世界大战之前，英国航运在山东沿海地区势力最大，其航运量约占山东沿海外运总量的40%，高峰时达到60%；再就是航运量占比在20%～25%之间的德国；日本、美国和俄国所占势力依次减少。然而到了第一次世界大战时期，战争间接地影响了山东沿海航运格局。由于第一次世界大战分散了外国资本主义列强对中国的注意力，外国航运的势力有所下降，民族航运业应运发展。一战之后外国航运势力再次卷土重来，但是这次势力成分却大有不同。日本来势汹汹，取代了一战中大受挫折的德国，日本在山东的航运量由1912年时的仅占外国航运量的30%，到1919年上升至57.33%。到1922年时，青岛所拥有的16家外运公司中就有6家为日本所有。直至抗日战争爆发，外国航运势力在山东沿海地区一直占据主导性地位，而民族航运业也在外国势力的挤压之下缓慢发展，逐渐向现代化发展。

（2）官办航运业

官办行业的优点在于不用太过于担心投资的问题，官办航运业的建成对利润的要求不大，只追求稳定的收入。

官办航运业的代表是轮船招商局在山东的分支机构。1873年轮船招商局在上海成立，运行路线是烟台、天津、上海、大连等。同年在烟台成立分局，不仅负责平时的民间航运，还在战时从事军事运输，打破了外国资本主义垄断山东沿海航运的局面。1885年，由官商合办改为官督商办；1928年，在青岛设立分局；1930年，改轮船招商局为国营；1932年，划归国民政府交通部管辖；抗战时期，轮船招商局在烟台、青岛设立分局，在威海、龙口设立办事处等机构，后退出山东沿海；1946年，位于烟台和青岛的分局复业。

（3）民族航运业

民族航运业的发展同近代民族资本主义的发展一样，过程也是十分曲折的。

山东的民族航运在近代以前还是采用传统的方式，主要是布制帆船和驳船，动力也是人力和风力。然而随着时代的发展，近代航运在山东兴起，肇始于烟台。烟台港是山东最早跨入现代化的港口。20世纪初，烟台就有了7家华裔成立的轮船公司、10余艘机船；至1930年，又增加了十几家轮船公司，大大小小的轮船公司加起来达到了26家。早期的烟台政记轮船公司被称为近代民族航运业的代表，总资本500多万元，是唯一能够与外国航运公司竞争的民族轮船公司。

第一次世界大战期间是中国轮船公司发展的好时机。在这期间，民间木帆船业和内河航运业也得到了一定程度的发展。1930年，仅进出烟台口岸的山东籍木帆船就达到了15 915艘次；1934年，仅在烟台注册的民船就达到了1 944艘。

2. 河运

近代河运的种类可以分为天然河道运输和人造河道运输。

（1）天然河道

山东省内的天然河道有黄河、小清河等。

黄河是山东省内的主要河道，由东明县进入山东省，由垦利入海，一共流经了27个县，长度为624千米，宽度为500米到1 200米不等。泺口距离济南约7.5千米，是上游民船航运的终点，从河南东部运来的棉花、药材等大都先集中到泺口再进行运输。但是泺口下游的河道由于水深不一，浅滩遍布，水运所起作用比较小。

小清河原名泺水，发源于济南趵突泉，再经由大明湖流出。在北宋以后被分流进入章丘，经流齐东、博兴等县，至羊角沟，最终注入渤海，自此改称为小清河。小清河河运的起点黄台桥，距离泺口很近，所以很多货物都是先转小清河再出海，是济南以东入渤海的水运要道。1886年铁门关被黄河水淹没，码头迁到利津县城东关，大船不能驶入，靠河内小帆船往来运输，交通大受影响。[1]1887年，开始重修；1892年，采纳盛宣怀的建议，小清河再次被疏通，才成为济南、渤海之间的交通动脉；1904年，胶济铁路通车，与小清河抢夺运输业，小清河航运力不从心，逐渐衰落；1906年，为了便利济南与小清河岸运输的轻便铁路建成，大大方便了小清河的运输；直至1914年，小清河仍是以民船运送官盐、木材和杂货等的要道。

（2）人造河道

山东省内的人造河道有京杭大运河和胶莱运河。

以京杭大运河为例，随着时间的流逝，京杭大运河的运输量已无法与曾经相比较。19世纪时，每年江南的运粮量可以达百万石，但是到

---

[1]《利津县续志》卷二，第17页。

20世纪初,京杭大运河每年的运输量仅20万石。京杭大运河贯穿山东省西部,是山东省的一条重要水路。所以京杭大运河淤浅对山东西部来说是一个非常大的打击。造成运河淤浅有两大主要原因:一是1855年的黄河横穿带来了大量淤泥;二是1860年以后漕粮的运输改走海道,疏忽了对运河的疏浚。1900年前后,海道不通,清政府迫不得已再次疏通河道,但是收效甚微。北运河逐渐淤弃,而南运河也就只有部分可以运行。

二、山东省近代城市邮政通信行业概况

(一)邮政

中国古代最广泛、最主要的传统通信机构是驿站。但是古代的驿站一般都是官办的,其主要的职能就是传递官方文件、联络军旅等。

光绪以前的驿站制度还比较完备,后来逐渐废弛。随着西方先进科学技术的传入,古老的邮政制度逐渐被淘汰,新的邮政制度建立。1898年11月,海关总税务司赫德明确建议裁掉驿站,1911年7月邮传部批准裁撤驿站,1912年10月,山东的驿站全部被裁撤。

民信局这一为商民寄递信件的机构最初出现在道光年间的烟台,因为民信局营业的目的是营利,对于无利可图的地区便不加涉及,这也是后来其衰落的原因之一。山东近代邮政随之又在烟台发迹,随着国家邮政的发展,民信局不可避免地走向衰败。如果说民信局的建立是为了弥补邮政方面的不足而产生的一个机构,那么当时地方当局也为了应对这种状况建立了文报局。文报局于1876年设立,隶属于地方政府,与民信局不同,文报局的主要任务是专管本国和外国的外交信件,也包括部

分私人信件。但是随着大清邮政建立之后，本来应该归属于文报局的信件渐渐地都经过地方邮政局传递了，文报局的事务骤减，导致各地文报局相继停办。

近代中国邮政萌芽于1868年建立的烟台海关设邮务办事处。1878年，近代中国的第一家邮局于烟台成立，并归属海关管理。1896年，清政府在北京设立总邮政司署，并将全国分为华北、华南、华中、华东等地区。而山东境的烟台、济南、胶州三个邮区均属于华北。之后标准改变为行政区域，因此济南称为济南邮界，烟台、胶州分别为副邮界；1914年，变为行省标准，山东被称为山东邮区；1933年，整个山东省邮局达到155处，代办所有705处，全省没有一地不通达信件。此上是清朝在山东境内邮局的设立与发展，外国列强自然不会放过这样一个可以攫取利益的好机会，日本、俄国、德国等国也在山东设立邮局，并且发行邮票。

所谓大清邮政也是近代邮政的一部分，"大清"只是代表这个机构出现的时间，即清朝晚期。1896年，海关邮局改称为大清邮政官局，同时烟台海关邮局也更名为大清邮政烟台总局，1897年正式营业；1912年，中华民国建立，大清邮政又更名为中华民国邮政，中央政府以交通部取代晚清邮传部来管理邮政；1914年，山东邮务局成立，职责为管理山东全省的邮务，并且下设两个一等邮局，分别为烟台邮局和青岛邮局。将山东省的邮政区域管理划分为三部分：烟台邮局管理烟台附近的邮政、青岛邮局管理青岛附近的邮政，这两个地区以外的邮政归山东邮务管理局直接管辖。

下面简单地叙述一下外国列强在山东设立的邮政情况：德国的邮局涉及区域主要是青岛和胶济铁路沿线部分地区；日本的邮局在第一次世界大战之后是作为德国的"接班人"才发展起来的，但也逐渐地形成了邮政系统；俄国与法国主要是在烟台设立邮局；英国则是在烟台和威海这两个地区设立邮局。自从外国在华设立邮局开始，便想尽一切办法攫取利益，而同时山东政府也在不遗余力地与其抗争。一直到20世纪20年代华盛顿会议之后，中国的抗争才起了一定作用，外国在华邮政机构被一一撤销。

（二）电报

电报是自西方传入中国的。在山东出现的最早的电报是在中央政府主办的部电局，之后又出现在山东自办官电局（河工电报局）。

1913年，山东省由划分为在天津的直鲁电政管理局管理，设置了烟台、济南、济宁3个一等电报局，青岛、德州、黄县、胶州、潍县5个二等电报局，除此之外还设立了23个三等电报局，整个山东省的电报局就这样被连接起来。在1916年之后，各电政管理局被撤，由各省的一等电报局管理本省的电政，山东省电政由济南一等电报局管理。自此之后山东省一等电报局数量没有变；二等电报局新增济南商埠，数量为6个；三等电报局数量数量为34个，并且新增3个临时报房、1个电话局。

部电局是山东各地电报分局的另一种称法。1881年山东出现最早的电报分局：济宁电报分局；1890年设立威海卫电报分局，解决了威海卫北洋水军的通讯问题；1900年设立济南通泰安的泰安电报分局。1908年电报业被收为国有，山东的济南、烟台、青岛、胶州、济宁、威海均设有分局。

官电局的设立主要是河工专用，因此又称为河工电报局。它是为了解决因黄河的存在导致的信息无法及时交流沟通的问题，同时也是为了防御。1902年设立河工电报分局，地点在山东刘旺庄；1903年又在泺口设立总局；1909年，总局改在山东巡抚官署内，泺口的变为分局；1911年，山东河工电报局与各地电报局一样，收归邮传部所有。

· 071 ·

（三）电话

电话的出现相较于电报更晚一些，发展也更加缓慢。在19世纪末期，无论是邮政行业还是电报行业都已经发展起来，而电话则到20世纪20年代才大规模发展，并形成可以覆盖全省的电话网络。

1902年，山东省各衙门之间开始设立专线连接电话；1907年，英国人在威海卫商埠设警察专用电话局；1910年，烟台电报局兼办电话顺便将德国人所办电话收回；1915年，济南电话有限公司兼并济南官办市内电话局。此后，济南电话股份有限公司的分公司相继在济宁等地成立。

（四）邮政通信行业发展的影响

将传统的驿站改革为近代邮政，节省了大量的经费花销，以台湾巡抚刘铭传的改革为例，1882年2月开始改革台湾旧有的50处驿站，设立可公共使用的邮政，并且公布《邮政章程》，历经一年，节约经费达五六千两白银。

山东近代邮政的创办与发展还有力地打击了侵夺我国邮政主权的客邮，收回了部分邮权；适应了中国民族资本主义的发展，又反过来促进了民族资本主义的发展。

邮政通信行业的发展加快了信息的传播速度，加强了国防力量；有利于商人了解市场行情如何；再就是获利颇丰，自1882年电报局改为官督商办开始，往后的20年间每年获利20万元左右。综合来讲，发展邮政通信行业在一定程度上起到了反抗外国资本主义侵略的作用。

三、交通发展与山东城市文化

由于交通系统的逐渐完善，新的经济带形成，各个地区的特色文化得到交流和沟通，原先狭隘的视野逐渐扩大。山东省的运输状况得到改善，适应了当时向西方学习思潮的大趋势，对于当时混乱的、战乱频发的社会来讲，近代交通的建设对于军队、食物、武器等的运输起到了极大的作用。与此同时，在促进交通系统完善的发展过程中，需要大量的人才作为辅助，进而在一定程度上加大了对人才的需求度，山东省的教育事业因此得到了很大程度的提升，又或是加大了人才的引进，促进了山东省与外省以及外国的文化交流。

山东省是一个部分处于沿海，部分处于内陆的地区，在铁路无法开通的时候，山东省的内陆与沿海地区的经济文化交流处于一种缓慢的发展状态，铁路的建设促进了沿线的经济文化交流。"由青岛至济南，须九日或十日，火车通后，则仅十二小时而已足""皆以接近铁路，顿成商业中心"，商业中心的形成不仅仅局限于大的城镇，甚至连益都杨家庄这样的偏僻的仅有60户人家的小村，都兴起了20多家大小商号；铁路的修建促成了城市的繁荣格局，比如胶济铁路的开通使得青岛日渐强盛起来，而烟台却日渐衰落下去。青岛的经济越来越繁荣，军事地位也在逐渐上升，烟台不再是山东省唯一的港口，铁路开通后青岛港成为新的港口停靠地，并且青岛成为山东半岛的新贸易中心。

不仅是胶济铁路，山东省的任何一条铁路的建设都为山东的客货运输提供了方便，促进了货物流通，铁路沿线的城镇文化经济都得到了发展。

事物的发展总是带有两面性的，不可否认铁路的开通加快了山东省的近代化进程，但是在考虑其所带来的好处的同时应当辩证地看待其所带来的坏处。近代的铁路大多由外国列强修建，外强总是以此为理由侵占铁路沿线的经济地带和干涉山东的发展。胶济铁路的建成进一步加速了山东省资源的"流失",加深了外国列强对山东省的侵略程度。例如胶济铁路的修建使得德国势力有了可以扩张的载体,顺着胶济铁路逐渐将势力范围扩张到济南,使得济南成为其进一步向内陆侵略和掠夺的根据地;德国据此建立地商行等,破坏了山东的自然经济,使得农民纷纷破产。

公路交通相较于铁路交通来讲,对山东省经济文化的发展影响较小,但是清末开始建设的公路网络又在一定程度上弥补了铁路干线在穷乡僻壤地区力不从心的局面,再加上航运的建设,使得山东省的水陆交通运输的格局初步形成。公路运输相较于铁路和水路而言,具有更为普遍、更为深入以及机动性更强等优点。而且公路在建设过程中所用时间短、花费少、工程建设便利,更容易形成交通运输网络。

公路交通的发展不仅促进了经济的发展,还在一定程度上带动了城市化发展的进程。随着公路交通的发展,形成了公路交通文化,这是一种产生于公路建设之中,包含一定的物质财富和精神财富,并且以道路和交通运输为载体的特殊的文化。

水路与公路和铁路的区别在于,它是水路航运,而其他两个是陆路航运。如果是外河航运,那么它最基础的作用就是便利了中国与海外诸国的交流沟通,在此基础之上也便于沿海的城市发展,便于外来文化的引进。新思想、新技术的引进都离不开水路的作用,虽然自古就有海上运输业的发展,但是从西方国家传来的新动力在当时给予了更大的帮助;也正是因为航海业有了新的动力,运输时间大大缩减,更多的山东商人才投身于海上运输事业。

最初是外国列强坐着轮船来到山东省,强迫山东省打开了向外发展的门户,之后山东省为了摆脱列强的控制以及对经济利益的追求,开始主动地向外探求,引进西方先进的科学技术。在山东的文化和设施等逐渐近代化的同时，也不可否认外国列强的入侵程度进一步加深。不仅在经济方面，在文化方面的影响也是极其巨大的，比如20世纪之初的波及全国的新文化运动，同样也波及了山东。外国列强不断地乘船入境和中国人不断外出学习，对中国传统文化产生了极大的冲击，部分激进分子甚至全面否定中国传统儒家文化，这也是那个时期的弊端之一，而这一切都离不开外国思想"漂洋过海"的传入。但是同样经由水路传播而来的新文化也给山东省带来了新的活力，接受了新式教育的知识分子开始为了中国的救亡图存运动到处奔波。

四、商埠开发与山东城市文化建设

近代山东城市的发展与交通运输、商埠开发、政府决策有着密不可分的关系。而且外国资本主义的入侵导致了近代山东的城市文化发展带有一种浓厚的半殖民地的色彩。由于西方资本主义的入侵，中国社会原有的经济结构被破坏，但同时沿海城市兴起，外国投建铁路，某种程度上带动了沿线城镇发展。商业化和工业化成为近代社会发展的主要推动力，城市的发展集中在沿海和铁路沿线地区，它带动了整个近代山东城市发展的进程。

（一）商埠

近代山东城市转型的标志是开辟商埠。开辟商埠的一方是山东省，另一方是外国列强。由于近代外国资本主义的入侵，山东城市的发展都与开埠有着密切的关系。商埠包含两种：一种是条约商埠，另一种是自开商埠。

I. 条约商埠

"条约商埠"顾名思义是一种以条约为载体,进而被动开放的商埠。出现在鸦片战争以后,产生的前提是西方列强的入侵。第一次"条约商埠"是1842年签订的《南京条约》中有关"五口通商"的条款,从此,伴随着每一个不平等条约的签订,中国几乎都会被迫开放几处通商口岸。1895年,随着《马关条约》的签订,中国开放的条约商埠已多达几十处。

沿海城市是山东省对外交流的门户,烟台、青岛、威海等城市就是在战争失败的情况下被迫开放的"条约商埠"中的典型城市。

（1）烟台

烟台的开埠始自1861年,工商业也顺势发展。"（胶济）铁路未设之前,山东全省殆以烟台为唯一之港。"虽然"胶济铁路通而分其一部分走青岛,津浦铁路通又分其一部分北走天津"[1],烟台的地位较青岛来说有所下滑,但是就其自身相比,仍具有极大的进步。

烟台开埠后,其商业和对外贸易以及城市建设的发展相较于其他一些城市,都会在不同程度上更为迅速、先进。内地商人看到了烟台的商机,开始转而将资金投向烟台。到1891年,烟台已有商号1 660家,分为特种商业和一般商业,特种商业包含金融、保险代理、经纪业等;一般商业商号有9种,共计417家。烟台被迫对外开放,加速了城市建设的进程。在开埠之后,烟台的商业、手工业、近代工业、交通运输业等迅速发展。到光绪年间。城市建设初具规模,同时也对居住区、生活区、欧式居民区、商业区等划分了相应的地域。

（2）青岛

青岛也是条约商埠城市中的一个。1898年开埠,在青岛活动的主要列强国家是德国。开埠之后,德国人相继在青岛建立了蛋厂、啤酒酿酒

---

[1] 民国《胶澳志》卷五,《商业》。

公司、电灯厂、自来水厂、捷远洋行、德远洋行、面粉厂、沧口绢丝纺织公司、精盐制造厂等，并且建德华银行，使青岛辟建之际充满竞争活力。[1] 青岛贸易连年进步，逐渐超过了原先独占鳌头的烟台。

1898年，青岛的贸易开始兴盛起来。单德国就在青岛设立20多家洋行公司，英、美、日、俄等国紧随其后，蜂拥而至。华商同样看到了青岛的利润所在，商人们结合成一个个团体经营商业贸易。黄县、潍县和日照等地的商人形成商帮，在青岛设点开业；广东、三江、直隶等外籍商人在青岛设立会馆，进行土洋货贸易。1906年，青岛的海关税收超过烟台，1910年，青岛的贸易总额也超过烟台。青岛市的城市建设主要体现在道路修建方面。20世纪30年代初，青岛市所有的商业中心和居住地区的街道，均由沥青铺设；路灯也开始派上用场，但是处于一种白炽电灯和煤油灯混用的状况。

（3）威海

1901年，英国殖民局在威海建起"爱德华商埠区"，免税开放贸易。在此期间，他们还在威海开设了康来洋行、泰茂洋行、和记洋行、富威洋行等。

商业经济的快速发展同样需要强大的道路系统作为支持，仅此期间就修筑了14条道路。在英国占领威海卫后，花生的出口量大幅度增加，经济利润驱使着威海人民种植花生作物，花生占了种植面积的13%；果业专业生产开始出现，并且在不断地发展之中，林业、果业的产值占农业总产值的30%；手工业得到了极大的进步与发展，在1912年就出现了两家绣花工厂——天主堂创建的绣花工厂和中国人建立的义丰绣花工厂；由于文化教育事业的发展，文化用品行业也开始出现并且繁荣起来，1918年之后成立了新华印字馆、公泰印务所、吉升昌印字馆等；除此之

---

[1]《山东通史》近代卷，人民出版社2009年版，第419页。

外，建筑、采矿、盐业、服装电器等行业都有了发展。

2. 自开商埠

自开商埠与条约商埠相反，是中国政府主动开放并自行管理的商埠。1898年，晚清政府批准开放岳州、三都澳、秦皇岛为通商口岸，到了清末，已经出现更多的自开商埠。民国时期，山东省相继收回原本属于山东的城市，之前不平等的条约也很少签订，逐渐地，自开商埠取代了条约商埠，成为山东省对外进行商业贸易的主要商埠。自开商埠的城市有济南、龙口、济宁等。

（1）济南

1905年，济南正式开埠。开埠之后首批近代企业相继出现，而且开埠之后出现的近代企业大多是私人投资或集股创建的，很少有"官督商办"或是"官办"的出现。1905年，济南开埠后的第一家民营企业——济南电灯公司出现，此后直到辛亥革命，出现了16家近代民营企业；民国时期，济南工业进一步出现"工业化"倾向，先后开设了17家机器制造厂，均带有动力机钻床、刨床、冲床等设施；到1932年，从资本额度上看，机器工业厂家的资本占全部资本的81.62%，从产值上看，机器工业产值占总产值的79.28%，这两个方面的半机器工业和手工业作坊所占的比例都是逐渐降低。可见济南商业的重心逐渐由传统手工业转变为近代机器工业。开埠使得济南的工业发展进步极大，同时济南也成为全省的工业生产的中心。1933年，济南的工业资本总额已占全省的20.5%，生产总值占29.7%，这都可以证明济南工业近代化程度之高。

开埠使得济南需要更多的劳动力，同时经济的发展吸引了众多的外来人口来此发展。济南的人口数量在民国初年就已经达到了25万人，比开埠之前增长了将近11万人，到1934年更是增加到43万人之多，俨然一个近代化的都市。济南的城市建设因此更加完善，1931年官商合办的济南自来水厂，1936年时改为官办，主要是向城关和商埠部分地区供水，所以一般老百姓仍无法使用自来水；前文讨论了条约商埠城市的道路建设，同样的，在20世纪30年代，济南城内以及商埠的马路已经全为柏油马路，并且配备了路灯。

（2）龙口

1915年，龙口开埠，它比济南晚10年。龙口开埠后，由黄县的一个村镇变为了行政上的独立的"特别区"，其区域内设置的商埠局直接隶属于省政府。

开埠最初就由商办公司负责并且兴建码头及各项工程。龙口开始与天津、大连、上海、厦门、上海、香港等地通航，航线迅速扩展，成为山东省仅次于青岛的第二大港，地位甚至高过曾经繁荣的烟台；除已有的粮业外，绸缎庄、杂货店、船行等行业店铺兴起；1927年到1931年的几年间，龙口共拥有637家商号；20世纪30年代中期，与龙口港有贸易往来的国家和地区已有70多个，龙口港成为北方六大港口之一；1935年，龙口港单出口龙口粉丝就有400.32万公斤，占全国出口量的65.03%。20世纪30年代后期，由于烟潍铁路的修建以及政治格局的动荡，使得曾经繁荣一时的龙口港的发展出现了停滞。

（3）济宁

相较于济南、龙口，济宁开商埠时间比较晚，直到1920年才开埠。济宁的开埠是由北洋政府在济南设备筹备处开始的，紧接着设立商埠局，还有进行城市建设的建筑公司。因为济宁本就居于运河沿岸，物产本就丰饶，所以在开埠之后，商业交易可以说是成倍地增长。济宁开埠的同年，济宁电灯公司成立并开始运作；中国银行和山东平市官钱局等机构均在济宁设立分支机构。

1933年，济宁运货值达到680万元，外销货值至100万元；1934年，济宁商行数量多至191家，但是即使曾经繁华至此，20世纪30年代中后期，济宁的商贸还是慢慢地衰落下去。

3. 总结

无论是自开商埠还是后来逐渐消失的条约商埠，各个城市开埠都有其特殊的条件。烟台和青岛等地是因为其特殊的地理条件而被外国列强选中，济南、周村、潍县等地更多的是因为其优越的区位条件。

在近代山东开埠的城市中，虽然它们性质不同，有的是条约商埠，有的是自开商埠，但是这些商埠之间都存在密切的经济、文化上的联系。

所有开埠的城市都具有一种魔力，即吸引外地商人来此投资建设，进而商贸行业大幅度扩张，行业种类增多；行业种类增多，提供的岗位也会增多，再加上商人集聚，商埠的人口数量会不约而同地增加；近代工业的发展领先了周边城市，进而带动周边城市发展。由于快速发展的经济的需要，道路系统进一步完善，电力行业随之发展起来，路灯也得到使用；受到西方城市建设的影响，山东省的城市建设得到进一步的发展，生活区、居住区、商业区等划分更加明显。

（二）商埠开发对山东城市的影响

商埠的开发为近代山东的经济注入了活力，并且在港口和铁路的协助之下，开埠城市的经济也成为商业经济发展的前沿。

以德国为例，德国在山东省内修建了胶济铁路，然后凭借自己对土地的使用特权，大量掠夺山东的煤炭、花生等资源。外商通过低价收购山东的土特产，高价倾销本国产品，获取暴利。外国商人获取大量利润的同时阻碍了山东城市的民族资本主义的发展。聪明的山东人民在反抗压迫的同时，也认识到了开埠带来的积极影响，进而主动开埠。

近代山东城市发展的一个重要原因就是开埠带来的"外来压力"，这种"外来压力"来自外国列强的殖民扩张侵略，进而导致商埠被迫对外开放、被迫接受外国商品的倾销、被迫接受外国的资本投入等，但是这些"外来压力"具有两面性，一方面反过来促进对外的经济、文化交流，促进内部精英人才的产生，加快内部的活动频率；另一方面阻碍经济贸易的发展，使部分中国人产生抗拒心理。

五、小 结

近代山东城市的发展因素是多方面的，是开商埠、修建道路系统、复杂的社会环境、政府的决策以及城市自身的产业结构、地理方位等因素共同作用的结果。

近代西方列强的入侵导致近代山东城市原本的发展出现了偏差，越过了缓慢的学习和探索过程，直接快速进到"被迫"接受西方先进的科学技术和思想文化等。这对于大多数接受了千百年传统经济文化的知识分子来讲无异于是"当头一棒"，知识分子出现固有的认知分裂，各自开始了对中国的救亡图存活动。以开商埠为例，在开商埠之前，存在着许多的反对声音，但是随着"条约商埠"展现出的巨大的经济贸易利益，一些人改变了想法，转而支持开商埠。第一次世界大战爆发后，外国列强撤出部分在山东的势力，转而支持欧洲战场，山东省的民族资本行业得到了喘息的机会，山东城市的发展机会有一部分回到山东人手中，轻工业等方面迅速发展。第一次世界大战结束后列强卷土重来，十来年之后抗日战争又爆发，社会环境的不稳定导致任何事物的发展都存在不稳定性。

政府根据社会环境以及各种事物的情况决定相应的政策，比如说在铁路最初修建时，主动联系德国驻胶总督叶世克，约定另立章程；在津浦铁路的修建过程中，根据德国的野心大小决定前进、后退进程又或是坚守不变，在不断地协商之下，决定将津镇铁路变为津浦铁路进行修建。政府的政策决定着城市发展的方向，政府的保驾护航可以使任何事物发展的不确定因素大大减少，比如说烟潍铁路建设失败的其中一个原因就是缺乏政府的保驾护航。

无论怎样，建设近代城市，其地理方位对城市的发展建设有着极大的影响。深居内陆地区自然无法发展海运，资源含量稀少自然很难吸引投资，近代城市的发展由其自然区位影响着。在未开通前商埠之前，有些城市行业单一，比如说龙口就以粮食业为主，但是在开通商埠之后，除原有的粮食业，还新增了许多其他的行业，造船业无疑是发展最好的行业之一，使得龙口港一度成为山东省第二大港口。

面对近代西方潮流的席卷，山东省也主动做出了应答。

开商埠。前文对开通商埠已经做了简单的叙述，在此做必要的总结。商埠分为两种，分别为条约商埠和自开商埠，二者的关系是：条约商埠的开设促进了自开商埠的产生，自开商埠发展的同时分散了贸易，导致条约商埠逐渐失去活力。在商埠的运行过程中，人们逐渐发现商埠带给山东省的有利之处远远多于其所带来的弊端。商埠促成了各个城市之间的联系，并且由于其自身对外交往的频繁带动了当地经济文化的发展，使得城市的建设更上一层楼，成为某一片区域领先的城市，具有带动其他城市发展的作用。

修建道路系统。铁路、水路、公路的建设加强了各个城市的交流和沟通。

穿过山东省的胶济铁路和津浦铁路，成为带动山东城市发展的重要交通线。比如青岛便是在胶济铁路的带动之下，逐步发展，超过烟台，成为山东省的重要港口。但是近代山东省的主要铁路建设都是在外国人的控制之下修建的，铁路沿线城市的发展伴随着外国列强的掠夺，使得山东省资源的流失问题愈发严重，同时也阻碍了山东省民族资本的发展。

山东省水运行业的发展主要体现在海运方面，毕竟外国资本的入侵需要漂洋过海。海运的发展体现在航运方面，近代中国的航运主要体现在外国掌握的外资航运方面，航运的发展带来港口的繁荣，近代山东省的几个主要的港口分别是：烟台、青岛、龙口。山东省的内河航运的发展显然没有海运出彩，主要是靠几个自然河道运输，比如说黄河、小清河河道，它们都无一例外地发挥了重要的作用。处于河道的中心城市终归是占据有利地位的。但是由于人造河道存在时间长，再加上中间政策、时局的变化，导致河道年久失修，到民国时期运输量难免会有所下降。

中国的道路自古便以土路为主，到了近代开始兴起碎石子路，而后随着西方近代交通工具、交通技术的传入，小汽车、柏油马路等兴起，便利了各个城市之间的交流沟通。

城市内部的道路系统的修建，不像修建公路、铁路那般麻烦，城镇在近代化之前就有内部道路，只不过大多是传统的土路，所以近代城市道路系统是在完善不足以及扩建道路。城市内的土路等逐渐变为近代公路，最明显的近代化标志是开始使用路灯。由于经济实力等因素的限制，路灯的种类各有所异，在相对比较重要的区域采用白炽灯，在稍微落后的区域仍采用煤油灯，但是电力行业已经出现，近代化进程进一步深入。

第四章 创造转型、熔古铸今
——山东城市文化的现代化

一、山东文化产业概论

(一)序言

文化产业(Culture Industry),这一说法诞生于20世纪初期,最早由霍克海默和阿尔多诺所提出,可见于二人所著《启蒙辩证法》一书。法兰克福学派的创始人霍克海默认为,文化产业通过人为的方式生产出来,虽披着艺术的外衣,但其实质是可以获取利润的文化商品,从而左右人们的精神与文化世界。这一论断对文化产业兼顾经济和文化性质的特点做了初步的界定。

该词汇经过一个多世纪的发展,到今天,"文化产业"已然具有更宽泛的释义。从其概念上来说,文化产业大体可以概括为以生产和提供精神产品为主要活动、以满足人们的文化需要并从中获取经济效益为主要目标的一个复杂的产业集合。

作为一个文化领域的新兴概念,不同国家对文化产业有着不同角度与层面的理解,对其本质的把握也不尽相同。联合国教科文组织从文化产品的工业标准化，即生产、流通、分配、消费、再次消费的角度，对文化产业进行界定：文化产业就是按照工业标准，生产、再生产、储存以及分配文化产品和服务的一系列活动。[1] 由此可见，联合国教科文组织认为，文化产业是可按一定标准进行系统化、精细化生产产品与相关服务，且消费市场面向大众的一种产业。

然而"文化产业"究竟如何界定，目前在各个国家并未形成统一说法。如日本将这一定义范畴下的"文化产业"称为"内容产业"，强调文化资源产业化后的精神属性，并认为凡是同文化相关联的产业都可从属其中；在美国则尚不存在"文化产业"的说法，而以"版权产业"代替，其所持角度为这一产业领域下的文化产品均具有知识产权。[2]

面对这样巨大的差异，人们之所以将它们都归于"文化产业"这一大概念，是因为发现各国对文化产业不同定义与理解的背后，其文化资源"产业化"的特质始终不变，从而在精神层面上的娱乐性、服务性也始终如一。归根结底，各国对这一新兴事物的不同解读都指向同一概念，即"文化产业"。这是一个挖掘一国文化的潜在经济并据此打造卖点，以供大众娱乐、让文化变现的产业集合。

相比发展较早的西方国家，我国的文化产业起步较晚，直到21世纪初才基本走向正轨。但可贵的是，由于其自发展初期就已得到较好的效果，因此发展势头总体平稳向上，再加上近几年受到各级政府的支持，发展尤为迅猛，已经成为我国文化软实力相当重要的有机组成部分和国家GDP增长的重要来源之一。

回顾我国文化产业短暂而硕果累累的发展之路，21世纪初是一个重大节点。党的十六大之后，文化产业开始得到国家层面的极大重视，出

---

[1] 联合国教科文组织（UNESCO）：《文化、贸易和全球化》.
[2] 李延文：《文化产业和旅游产业的相关性探析》，《环球市场信息导报》，2011年第11期。

台了一系列相关的国家政策。在《2001—2002年中国文化产业蓝皮书总报告》中，对文化产业界定了"文化"与"经济"两重行业性质：在文化上，文化产业以城市历史文化资源为基础，面向消费者生产文化产品与提供文化服务；在经济上，文化产业以文化为嫁衣，利用历史文化资源发展城市经济，按照工业标准进行生产、再生产、储存以及分配文化产品和服务的一系列活动。

2003年9月，我国文化部制定了《关于支持和促进文化产业发展的若干意见》，文中指出，文化产业为"从事文化产品生产和提供文化服务的经营性行业"，是"与文化事业相对应的概念，两者都是社会主义文化建设的重要组成部分"，并认为"文化产业是社会生产力发展的必然产物，是随着中国社会主义市场经济的逐步完善和现代生产方式的不断进步而发展起来的新兴产业"。[1]

2004年，国家统计局和中宣部等部门下发《文化及相关产业分类》《文化及相关产业统计指标体系框架》，将文化产业定义为"为社会公众提供文化娱乐产品和服务的活动，以及与这些活动有关联的活动的集合"。

按此定义，文化产业可以划分为如下三类：一是生产与销售以相对独立的物态形式呈现的文化产品的行业，如生产与销售图书、报刊、影视、音像制品等；二是以劳务形式出现的文化服务行业，如戏剧舞蹈的演出、体育、娱乐、策划、经纪业等；三是向其他商品和行业提供文化附加值的行业，如装潢、装饰、形象设计、文化旅游等。[2] 此后文化产业门类随时代发展而不断扩充，但均可包含在此三大类中。

2008年5月，国家统计局与中宣部联合发出《关于加强和规范文化产业统计工作的通知》，文化产业作为一种新型产业形态被纳入了国家

---

[1] 文化部：《关于支持和促进文化产业发展的若干意见》，文产发〔2003〕38号。
[2] 参考自"文化产业"百度百科。

统计体系。该文件要求各地区统一使用"文化产业"这一概念进行统计，对"数字文化产业""数字产业""文化创意产业"等文化产业替代性新词汇予以限制。后继续出台《文化及相关产业分类2012》，以适应文化产业迅猛发展后的新变化新常态。文化产业统计工作实际上体现了政府对文化产业的态度，对文化产业的统计工作做出较为清晰的规定，也就此打开了文化产业井喷式发展的大门。

2011—2016年之间，文化产业的影响进一步扩大覆盖范围，国家与地区对文化产业的政策除了致力于自身发展之外，开始格外注重与其他产业的融合发展。2017年4月19日，在江苏省苏州市召开了文化部2017年全国文化产业工作会议，会上正式发布《文化部"十三五"时期文化产业发展规划》，对"十三五"时期文化产业发展做出了全面、详细的要求[1]。在此指导下，文化产业得到更深层次、更高境界的发展，也掀起当代社会文化与经济发展的又一波新兴化狂澜。

文化产业的大规模发展使审美的商品属性昭然若揭，并使审美生产与消费呈现出规模化的效应。作为文化形态与经济形态的特殊融合体，一省的文化产业影响着该地区的文化整体面貌，也成为该地区文化软实力的重要有机组成部分。随着时代发展与"文化强国"战略目标的提出，文化软实力越来越成为一省发展的重要竞争力，而文化的产业化建设也越来越成为该省的强大经济发展空间。身为沉淀深厚的历史文化大省，山东在文化产业发展方面具有得天独厚的优势，也在这场时代潮流中，紧紧抓住了文化产业发展的机遇。从过去对历史文化资源的开发利用，到目前有系统、有组织地进行文化产业化建设，山东省都取得了较好的成果，文化产业基本上持续健康发展，总体向

---

[1] 文化部：《文化部发布"十三五"时期文化产业发展规划》，中华人民共和国中央人民政府官网。

好。然而值得我们注意的是，综合各年数据看来，山东省的文化产业增加值就增幅方面仍然落后于省内 GDP 的平均值，且占全省服务业比重较低，由此观之，山东省的文化产业发展尚存诸多亟须解决的问题。依靠丰厚独特的文化资源，打响历史文化大省招牌，增强全省 GDP 发展动力，山东省要想继续全方位做大做强，可以说，文化产业是一个非常重要的方面，不能弱，更不能少，这应当是山东省文化产业下一步的工作重心所在。

站在新的历史起点上，我们应当看到我国文化产业发展正处于可以大有作为的重要战略机遇期，山东省文化产业发展正处于文化资源利用新旧转换的重要转型期。在这样的重大节点上，考察山东省近年来文化产业建设，梳理山东传媒出版、文化旅游、非遗技艺、文创发展、博览会展等一系列城市文化产业门类，甄别文化品位、推定文化品牌，挖掘、整理、开发和充分利用山东城市文化产业资源，显得尤为必要，也是当下引导山东省文化产业大发展、大繁荣，提升山东城市文化软实力，推动山东城市文化顺利转型、走现代化之路的重中之重。

（二）现状

山东省具有丰富的历史与地理文化资源及良好的文化产业基础，并由此衍生出目前丰富多彩又独具特色的文化产业群，这为山东文化产业的发展创造了良好的条件。与此同时，山东的文化产业现状中仍有多处疲软不足之势，尚存在许多亟待解决的问题，可以说，文化资源的产业化发展还有着较大的上升空间，存在比较广阔的可能性。

1. 文化资源产业化的发展优势
   (1) 历史、地理文化遗产丰富

   历史文化资源的开发，必须借助历史传承的文化载体来实现。作为儒家文化源头、五岳之首与黄河入海之地，山东省有着丰厚独有的文化底蕴与独具特色的地理景观，这些文化载体的保存整体良好，不仅成为一笔宝贵的历史遗产，也为本省历史文化资源的产业化开发提供了现成的物质与精神基础。

   (2) 文化产业化政策支持

   中国近年来格外重视传统历史文化的发掘与翻新，面对中央"坚定文化自信、走社会主义文化强国"的政策倡议，山东省文化产业发展正处于政策的机遇期。2019年2月22日，山东省人民政府发布《山东省新旧动能转换重大工程实施规划》，旨在加快推进新旧动能转换并全面提高发展的效益与质量，这成为接下来山东省整体发展的重要指示文件。该规划中，对山东优秀传统文化的创造性转化与创新性发展做了重点指示，将打造具有山东特色的现代文化产业体系作为发展目标，有利于山东文化资源的现代化转型升级。

2. 文化资源产业化的开发现状

   对历史文化资源进行产业化开发，进而以历史文化资源优势促进山东文化产业发展，是山东省目前文化产业发展的主要方向。

   (1) 文化产业不断扩大规模

   山东省在21世纪初建立了门类齐全、功能完善、布局合理的文化产业体系，对历史文化资源的产业化利用初具规模。产业机构两万余个，包括音像电影业、文化旅游业、文物和艺术品业、文艺演出业、网络文化业等文化领域，从业人员达十万余人。

（2）品牌口碑建设良好

山东省依托"山水圣人"文化意象、"好客山东"文化口碑，着力打造齐鲁特色品牌。目前，已经形成了潍坊国际风筝会、青岛国际啤酒节、泰山国际登山节、山东国际文化产业博览会、曲阜国际孔子文化艺术节等一批著名节会品牌；创建了《上学路上》《大染坊》《铁道游击队》等影视创作品牌；创建了《石龙湾》《苦菜花》《补天》《山东汉子》等戏剧创作品牌；创建了《大羽华裳》《蒙山沂水》《泉城写意》《杏坛圣梦》等演艺项目品牌；等等。这些均在全国产生了较大的影响。

（3）发展布局持续优化

在未来五年，山东省将根据各具特色的地域文化资源和发展优势布局发展规划，持续推动传统文化的科学传承、创新与发展利用。例如，实施"互联网＋齐鲁优秀传统文化"行动计划，延伸旅游演艺、修学度假、建筑博览、工业遗产等文化产业链条；加快建设曲阜优秀传统文化传承发展示范区，高水平举办国际孔子文化节、尼山世界文明论坛、世界儒学大会等一批具有国际影响力的历史文化活动，打响"孔子故乡·中国山东"品牌；规划建设大运河文化带（山东段），统筹推进"魅力长河""美丽长河""经济长河""共享长河"建设，构筑彰显鲁风运河风采的文化生态经济长廊；加快推进齐文化传承创新示范区建设，传承墨子文化创新精神、鲁班文化工匠精神、董子文化人与自然和谐发展思想，挖掘始祖文化、北辛文化、大汶口文化，以及泰山文化、黄河文化、海洋文化、泉水文化、忠义文化等特色文化丰富内涵，提升优秀传统文化独特魅力和时代价值；大力弘扬沂蒙精神和红色文化，加强政德党性教育基地建设。[1]

---

[1] 山东省人民政府：《山东省新旧动能转换重大工程实施规划》，鲁政发〔2018〕7号。

同时，山东省政府正逐步加大对文化产业化开发建设的财政投入，以期解决文化产业发展瓶颈问题，谋划好文化产业的"十三五"规划的项目，力图把文化产业打造成驱动全省发展的新动力。

（三）问题

综合来看，山东省的文化产业计划仍然处在探索期，需要制订更加成熟的计划。虽然文化资源优势突出、整体文化产业发展良好且特色产业突出，但总体来说文化资源的产业化利用还停留在浅表层，部分行业没有形成完整的产业链条，产业附加值相对较低，对于文化资源价值的深层挖掘与开拓文化市场的能力仍有待提升。关于山东文化产业发展，可以概括为以下几类。

1. 尚未建立规范、完备的文化产业运营体系

没有建立规范、完备的运营体系，包括发展环境创设、优惠政策支持、文化市场培育、相关法规建设等等。因此文化产业的发展阻碍较多，文化定位模糊，文化资源配置没有跟上，文化产业的发展空间狭小，文化产业立法滞后，文化产品和市场要素匹配不畅，没有较稳定、专门的窗口平台来对接。

特别是文化产品与市场要素匹配不畅的问题，导致文化产业发展缺少资金市场、专业性的人才市场、稳定的中介市场、先进的设施市场、普及的产权交易市场，等等。

2. 政府信息沟通滞后

在发展文化产业时，各地方政府有些部门存在办事不力，导致文化产业建设疲软、资源整合走形式主义等问题。同时，各文化经营单位之

间的权责关系与利益分配的混乱，又导致了文化产业各环节信息沟通不畅、有效指示传达滞后等问题。这些问题都在一定程度上对文化产业的健康发展造成了阻碍。

3. 未能有效地保护和利用丰富的文化资源

对于部分珍贵文化资源如名山大川、古建筑群等自然人文景观，山东省在早期发展规划中一度选择盲目拆毁或翻新，这对历史文物遗迹造成了较为严重的破坏；对于部分传统民间技艺与风俗，山东省曾在现代化发展中忽视了对其的保护和传承；等等。这些情况都使文化资源和文化资产出现不少流失，挽回这些损失需要更多的时间与努力。

同时，面对省内各地区丰富繁杂的文化特色，政府在对历史文化资源的开发中模糊了发展的重点，因此对历史文化资源挖掘、整合不力，缺乏对其内涵的提炼，资源开发管理过于粗放，使得文化产业发展整体疲软，一味地靠数量而非文化产业的质量，无法出现较为亮眼、持续做大的产业。

4. 各地文化产业存在严重不平衡、不充分发展

就目前山东文化产业发展形势来看，地区间存在着发展不平衡、不充分的情况。从规模以上文化企业营业收入看，青岛、潍坊、烟台、济宁、临沂5市，占全省的比重为60.9%；从文化产业投资看，这5个市占全省的比重为56.9%。[1] 而其他地市则发展势头较弱。

---

[1] 中央党校第44期中青一班二支部调研组：《山东打造文化产业发展新高地的启示》，光明日报，2018-8-17。

（四）展望

1. 文化产业发展趋势

随着文化资源的进一步开发，文化产业必将经历"政企分开"的过程，政府部门将更多的文化经营权放归企业运营。在山东省未来的文化产业发展中，市场机制会发挥越来越重要且基础性的作用，文化产业发展会从自发行为转向自觉行为。

相比现在的文化与产业的简单结合，未来的文化资源与多个产业的进一步融合将提高产业内涵与附加值（如文化旅游业、文化制造业、文化传媒业等），多产业融合将消除行业界限，这是文化产业发展的必然趋势。下好这步棋，分门别类地利用好山东省丰富的文化资源，合理规划不同门类的产业结合，必将使山东城市文化软实力再上一个台阶。

2. 文化产业发展措施

（1）山东省政府要加强文化产业顶层设计，理顺各相关部门的关系，搭建好文化资源的集聚平台。

目前，山东文化产业发展正处于由大到强的关键时期，理清文化资源脉络、梳理文化发展模式、把握文化产业特质是抓好文化产业发展主线的当务之急。

一是要在文化发展中充分发挥市场作用，加快搭建创业孵化、人才服务等公共平台，完善文化产业投融资体系，搭建文化产品宣传推介和交流合作的高端平台。

二是要提供广泛普及的文化招商与市场环境，制订和完善入驻奖励、房租补贴、人才激励、金融服务等辅助政策，

三是要制订好保护性开发原则，科学制订文化产业发展总体规划，明确发展重心，在发展中兼顾文化的资本转化与文化的资源保护，兼顾

文化的继承与创新。

（2）各地市应当具体问题具体分析，探查本地文化资源特点与区位条件等情况，明确文化产业发展定位，凸显文化产业的城市风格特色。

一是挖掘、利用现有的历史文化资源优势，因地制宜地逐步复原、修缮已遭破坏的文化遗产。

二是合理利用、开发城市文化载体，尽力继承保留原汁原味的文化习俗，让传统文化借产业化焕发生机，在文化产业发展中实现持续性的创造性转化与创新性发展。

三是突出城市文化的个性化特色，让文化产业化发展印上各地市的独特文化烙印，注重文化创意与独特性，在文化产业发展中避免千篇一律，坚决不能丢失特色城市标签，打造具有地域特色的城市文化品牌，提升地市文化地位。如青岛的海洋文化、泰安的岱庙文化、潍坊的风筝文化等。

四是在挖掘地域文化特色的基础上，着力做大做强特色优势行业，延伸文化产业链条，形成文化资源的品牌效应、规模效应和集约效应。

（3）优化产业组成，提高市民对文化产业的认同感和参与度。

要多层次、多平台展开面向公众的文化活动，提高市民对文化产业运营与发展的参与度，让产业发展"落地"。抹去文化产业"高""冷"的标签，促进其与公众生活更多更广泛的联系，逐步使济南文化产业渗透进民众生活中。让文化变成济南人的文化，城市变成济南人的城市，产业变成济南人的产业。

例如，进一步加强图书馆、博物馆等基础文化设施建设，建设孵化基地、教育中心，修建文化遗址展览馆、纪念馆；对内举办通俗易懂、贴近生活的市民赛事与文化会展，对外争取各大项目、盛会的承办资格与参与资格；等等。

（4）要摸清文化产业在未来多产业融合中的发展趋势，结合各地市优势产业，深入实施"文化+"战略，打破文化产业的传统领域和独立板块界限，不断拓展文化产业发展的广度和深度。

可以看到，山东省在文化资源的产业化开发方面，仍有很多路可走、很多路要走，面对巨大的、丰富的文化矿藏，产业化开发仍然存有极大的发展空间。在21世纪所面临的新形势、新挑战下，充分挖掘文化资源，做大做强文化产业，是让古老文化焕发生机、走向现代化文化道路的必经之路。在文化产业的发展之路上，山东省有一副重担要挑，时代要求山东省不仅要挑得起来，而且要挑得好、挑得出彩。山东省的文化产业任重而道远，让城市充满文化，让文化充满未来，让未来充满自信，让自信充满价值。我们还有太多的未来可以期待。

二、山东的城市建筑

1840年，鸦片战争爆发，西方列强用他们的坚船利炮打开了中国的国门，西方文化随之而来，冲击着山东的传统建筑文化，掀起一场巨大的变革。在这场文化大风暴之中，山东省的建筑经过战争的洗礼，发生了翻天覆地的变化，开启了现代化征程。

建筑是凝聚的艺术，本节拟通过探究近代以来山东省的建筑变化转移来说明山东省城市文化的现状。

（一）历史

山东省文化建筑的近代化从鸦片战争开始，与中国整体的近代化相吻合。鸦片战争后，清政府被迫同列强签订了大量不平等条约，被迫开放通商口岸和商埠。帝国主义列强侵占城市或建立租界，在这些地方建立起独立的城市新区。他们采用不同于中国以往的建筑风格和建筑结构，形成新的建筑模式，由此山东省的建筑风格发生了巨大的变化。但是，原有的城区依然存在，这就形成了山东省近代建筑的显著特点：传统建筑延续发展，新式建筑异军突起。

在西方建筑体系的融合下，山东省的建筑逐步形成三种建筑风格。一种是坚持中国传统建筑方式和风格的传统建筑群，这些建筑一般分布在中小城镇和农村地区，分布范围广，数量巨大，但是这些建筑并不代表近代山东省的建筑变化趋势和流向；一种是照搬西洋风格的建筑群；一种是将东西方建筑风格与方式相结合的建筑群，这些新建筑主要分布在青岛、济南、烟台、威海等通商口岸或商埠地区，数量不多，分布不广，但是这些建筑却代表了中国近代的建筑发展趋势和流向。[1] 新建筑体系的引入对于山东省建筑来说，无疑是一个巨大的变化。西方建筑的传入也改变了山东省原有的建筑体系。

在建筑方式上，山东省很多建筑改变了传统的以砖、瓦、木、石为主要材料的木结构或砖木结构，开始采用西方的混凝土结构或者砖石钢木结构，且引入了西方先进的规划、设计和施工技艺，玻璃、红砖也开始用于建筑之中，增强了建筑物的牢固性和设计美感，延长了使用寿命。

在建筑风格上，外墙装饰开始运用花饰面砖，或用光洁石雕以花草纹饰镶嵌于墙面作装饰；门窗口、沿口用水泥粉刷，或用水刷石以及剁斧石、嵌大理石、贴面砖等；门窗多为拱券式西洋风格，柱廊、内墙装饰采用高级粉刷等。

在建筑功能上，开始注意建筑功能的使用要求，注意节约用地，合理解决建筑物的朝向、通风、采光、隔热、防潮等问题。[2]

---

[1] 摘选自"山东省情网"。
[2] 摘选自"山东省情网"。

近代山东文化建筑可以分为以下几类:

1. 宗教建筑

近代山东的宗教建筑主要采取西方建筑风格和建筑方式,哥特式、拜占庭式、巴洛克式……西方各种建筑风格和建筑方式的传入,使得中西方融合效果非常明显。部分中国人掌握了西方的建筑方法,西方人设计,中国人建造。所以,建筑文化的融合,不仅仅体现在建筑之中,也在人们身上有所体现。这些建筑经历战火和"文革"的破坏后,大部分仍然保存下来,为山东如今的城市文化注入多元化的元素。如青岛的基督教堂、圣弥爱尔大教堂、圣保罗教堂,济南的洪家楼天主教堂,烟台的天主教堂等。

2. 银行和金融业的建筑

"银行"和"金融"是一个近代概念,古代的中国虽然很早就有了货币理论,发明了纸币,甚至有了商帮、票号,但是囿于时代限制,银行和金融业并没有得以成立,更遑论发展,直到近代西方列强侵入中国,银行和金融业才蜂拥而来。所以,银行和金融业的建筑成为近代山东饱受外来侵略的见证与代表。

这类建筑主要集中在山东省内经济较发达的通商口岸和商埠城市一带,建筑形式多采用西洋古典手法,建筑物雄伟、庄严、气派,墙壁、廊柱高大、坚实,给人以厚重和安全感[1],如山东通济官钱局、济南德华银行办公楼、青岛金城银行大厦、汇丰银行芝罘分行等。

逐步增加的经济实力,炫耀、使之富丽堂皇的心理,深刻地反映出近代以来商人群体的变化,因此研究建筑文化不仅仅是研究建筑,也是

---

[1] 摘选自"山东省情网"。

研究当时的社会发展和思想文化。

3. 办公楼和领事馆建筑

近代以来西方列强侵入中国，攫取在华特权，干涉中国内政。在此期间，西方国家在中国建立驻外领事馆，在租界地区，分布着西方列强的办公楼和领事馆。

这类建筑主要分布在青岛、济南、烟台等城市。德国占领青岛后，在观海山南边设置了城市中心广场，建造了一批行政办公建筑，其代表建筑有胶澳总督府、提督楼、警察署等，成为当时德国胶澳租界的标志性建筑物。济南、烟台属商埠城市并非租借地，但帝国主义列强为了保护本国侨民利益，强行自开领事馆。[1]

西方列强的领事馆和办公楼，主要采用西方的建筑风格和方式。

来自不同国家的设计，使得建筑风格多样，有折中主义、现代主义、古典主义等建筑形式，不同租界区形成不同街区面貌，构成了山东部分城市"中西合璧，杂糅并蓄"的风貌特征，如青岛提督府、青岛德国警察署、烟台英国领事馆、威海英国领事馆等。

4. 文教和医疗建筑

山东古代教育机构多为私塾和书院，医疗机构多为中药铺，乡村医生多为小本经营，以家庭为工作场所，而近代文教、医疗建筑，多为外国教会所办。济南现存的学校建筑尚有齐鲁大学校舍、育英中学、正谊中学、懿范女子学校、东鲁中学等，多是中西混杂的近代教学楼建筑形式。文化建筑以山东省立图书馆和广智院最为著名。青岛近代学校主要有总督学校、德华高等学堂、青岛日本中学校、第一日本寻常高等小学校等。

---

[1] 摘选自"山东省情网"。

外国教会组织在传教的同时，还兴办了一些慈善医疗事业，如齐鲁大学医学院附属医院、若瑟医院、日本同仁会济南医院、青岛普济医院等。[1] 这类建筑不仅仅在建筑风格上保留了国外色彩，其在功能设计上也遵循了国外的使用习惯，这类建筑传入中国的不仅仅是建筑技术和风格流派，更重要的是它所承载的文教与医疗新功能、新认识。

5. 工商业和服务性建筑

中国古代实行重农抑商政策，商业长期受到压制。虽然明清时期出现了地域性的商帮，但是商帮的组织较为传统，且建立在地域亲族的基础上，是重农抑商政策压制下的产物。近代以来，随着西方资本主义经济的入侵，中国自然经济遭到破坏，近代的工商业、服务业等多种经济形态纷至沓来，这些产业的基地——工商业和服务业建筑也如雨后春笋般兴起。

山东近代工商业建筑和服务性建筑，主要为民族资本家所创建。较为大型的有烟台的张裕葡萄酿酒公司、德顺兴造钟公司，济南的瑞蚨祥布店、大观园商场、宏济堂药店、铭新池澡堂等。

这类建筑的传入，为山东省城市建筑文化注入了新的活力，尽管它们停留在租界地区，但已慢慢地渗入山东人民的生活之中，这些建筑代表着山东城市居民的思想观念的转变和对西方文化的包容与接纳。

6. 交通和邮政建筑

山东古代交通工具多为牛、马车等，其路况也多为土路，远程联系多靠驿站、飞鸽传书等，通信基础设施简陋落后。近代以来，铁路、公路逐渐修建，邮政通信设施也逐渐搭建，山东建筑中就又多了新元素。

---

[1] 摘选自"山东省情网"。

20世纪初,胶济铁路和津浦铁路相继通车,铁路交通建筑应运而生。落成最早的是津浦铁路济南站,为早期欧式火车站建筑的成功之作。另外,济南泺口黄河铁路桥建于1912年,是当时亚洲最长的铁路桥建筑之一。山东近代最早的邮电建筑——烟台邮政局,建于1896年。济南府邮政总局创建于1920年,是当时邮电建筑的代表。此外,西方各国都曾在济南、青岛、烟台等城市设立邮电局和电报局。[1]

一座城市的基础设施代表着一座城市的血脉是否畅通,交通邮政建筑的建设意味着山东近代基础设施的逐步完善。也正因为如此,在战乱时期,城市的交通通信通常是敌我的争抢对象或者毁灭对象。山东省的交通和通信建筑饱经沧桑,它们是山东近代曲折历史变迁和山东迈向现代化的见证。

山东的交通和邮政建筑包括津浦铁路济南站、青岛火车站、济南府邮政总局大厦、烟台邮政局办公楼等。

7. 住宅建筑

近代是中西文化交流碰撞最激烈的时代,此时,随着西方文化、技术的不断传入,中国人一面加以抵制,一面又接受着西方文化和技术,因此近代的住宅建筑风格最为混杂。同时因为财富、观念、阶层等方面存在着差距,近代山东的住宅建筑又风格迥异,有中国北方四合院式、密集型的里弄式、江南园林式、中西建筑的结合式、独立型的西洋式[2],如张怀芝住宅、青岛八大关别墅等。

住宅建筑风格多样,体现出近代山东省建筑的多元性和中西方文化的交融与冲突。城市住宅建筑还出现了一种新形式——平民院。平民院

---

[1] 摘选自"山东省情网"。
[2] 摘选自"山东省情网"。

是有别于传统住宅建筑的一种居住建筑,主要分布于今青岛市西区和南区等地,为十几户甚至几十户的集中式住宅,院内设有公用自来水、下水口和厕所。建筑密度大,卫生条件恶劣,防火设施差。这类建筑的出现很充分地体现了近代西方列强的入侵对山东省住宅建筑的巨大影响,工商业的发展刺激了这类建筑的出现,对于研究近代山东尤其是青岛市的近代工业状况有很大的意义。

8.公共建筑和纪念性建筑

中国古代的纪念性建筑以祠堂、寺庙等为主,比如舜祠、龙王庙、关帝庙等,直到近代以来,公共建筑和纪念性建筑的含义才得以扩大。

近代公共建筑和纪念性建筑的修建,受到西方建筑风格的影响。这种思想的转变源于当时特定的时代环境:一方面西方的生活习惯和方式的传入影响了山东城市居民的生活习惯和观念,使之发生变化;另一方面,民族救亡与独立是当时最大的任务和时代主题,爱国意识开始在民众的心里觉醒。因此,当一位英勇的民族英雄挺身而出救亡图存时,敬佩之意油然而生,纪念性建筑也就应运而兴。

山东的公共建筑和纪念性建筑包括济南圩子墙、北洋水师提督署、青岛栈桥等。

(二)现状

1.近代遗存

山东省近代的建筑,在今天的使用状况有所差别。有的建筑仍在发挥作用,像山东通济官钱局,如今作为齐鲁金店和济南历下区工商银行经营地,仍发挥着住房的作用;有的建筑成为著名景区,像张怀芝的住宅万竹园,如今作为趵突泉公园的园中园发挥着其旅游资源的作用;但有的已经废弃甚至拆除，如津浦铁路济南站已被拆毁。

烟台基督教奇山教堂（旧称烟台基督教奇山会教堂）至今仍在发挥其传教的作用，是当今保留的近代宗教建筑中最完好的一座。改革开放以来，基督教奇山教堂一直是烟台市基督教教会的重要活动场所，是省"和谐寺观教堂"创建示范窗口。2016年，烟台基督教奇山教堂建立100周年，烟台市基督教两会在教堂举办了系列庆祝活动。烟台基督教奇山教堂成为烟台市乃至全省较有影响力的教堂。

2. 现代新建

近代遗存建筑毕竟只是一部分，山东省的建筑发展模式在不断地更新，高楼大厦猛增。自中华人民共和国成立至今，山东省建筑工程呈现出跳跃式的大发展，建筑风格越来越个性化，规模越来越大型化，装饰越来越高档化，设施越来越现代化，材料越来越实用。优秀设计、优质工程层出不穷，多种设计风格和流派竞相发展，出现了空前的繁荣。

发展最快的是与群众生活有着直接关系的住宅工程。农村住宅已彻底结束了延续几千年的土坯墙或乱石墙、茅草顶的简陋建筑形式，取而代之的是砖墙瓦顶的新四合院建筑，且部分地区建起了水电设施齐备的、别墅式的新式楼群。城市住宅建筑在优先满足面积需求的前提下，注重配置管道煤气、采暖供热、通信、闭路电视等设施，改善居住环境，提高住宅内部的居住标准和外部的生活环境质量。

办公类建筑也在改革发展中悄然改观，大量具有时代特征、规模宏伟的新型建筑取代了老旧的四方盒式办公楼。新的办公建筑强调先进的使用功能，注重表现行业职能特点、力度和个性。随着市场经济的发展，在一些城市建造的商品写字楼，将办公与吃、住、娱乐、购物等融为一体，使用舒适方便。

山东省的商业及外贸建筑伴随着山东经济的兴旺而繁荣起来，以其建设周期短、更新改造快的特点，奏响城镇建设发展的主旋律。全省的商业建筑日趋大型化、商场化、高档化。山东省的金融、保险业在改革开放中以起点高、速度快、项目多的特点迅速发展，新建的银行、保险营业楼普遍造型新颖，装饰考究，注重表现力度、个性，以建筑形象展示其在国民经济运行和发展中的突出地位和作用。如今随着新媒体对传统特色文化的宣传，小吃街、小店铺等特色化的建筑风格也成为一股新的建筑潮流。

文化娱乐建筑在注重地域历史文化和功能的同时，也遵循市场经济规律，摒弃了电影院、剧院、文化宫等单调的传统形式，呈现出多样化、商业化的特点。建筑形式多样，气氛轻松活泼，强调建筑物自身的艺术品位。各地城镇建设的文化娱乐中心、老干部活动中心、青少年活动中心等，多讲求建筑整体环境的优美舒适，如省体育馆、省体育中心、青岛体育馆、淄博体育馆、泰安体育馆等一批高标准的现代体育设施，设计合理，施工技术先进，功能优越。

教育设施建设一直是全省民用设施建设投资的重点。各地中小学校舍的更新改造、扩建、新建工程，中专、技工、职业教育学校的新建工程，为发展全省基础教育提供了良好的条件。科研、卫生单位的建设稳步发展，新的建筑强调设施齐备、功能先进，造型美观新颖。

随着进一步的对外开放，旅游业蓬勃发展，全省各地越来越注重发掘本地的地域历史文化和名胜景观资源，修建纪念建筑和园林建筑。有的以历史遗迹、历史事件、历史名人为主题，有的以独特的地理、地貌、风光为依托，或修复，或重建，或扩建，或新建了一批景观建筑。这些工程匠心独运、精美别致，各具特色，为古老而美丽的山东增添了新的色彩。

1990年以后，山东的建筑工程迅速向高标准、高层次发展。与此同时，施工技术的发展也极为迅速，建筑施工领域出现了技术更新换代的变革时期。建筑装饰大量采用国内外新型材料，如玻璃幕墙、铝合金门窗、有色玻璃、大理石、花岗石、瓷砖、瓷面砖、钙塑板、石膏板、塑面壁纸及有机涂料等，还广泛设置了电梯、中央集中空调、自动报警消防系统和现代通信、视听等设施。[1]

（三）问题

随着经济开发、老城区改造，山东省的文化建筑在迈向现代化的进程中不可避免地存在一些问题，尤其在近代建筑遗存保护上存在着较为严重的问题。现代建筑耸立在近代建筑遗存之中，破坏了近代建筑遗存的背景和格局，造成视觉和感觉上的突兀感。此外，由于近代历史的特殊性，人们对于近代建筑遗存带有屈辱性的偏见，使得一部分文化建筑没能完整地保留下来。现代化大潮喷涌而来，对近代文化建筑造成一定的冲击，使得部分近代建筑失去了原有的历史厚重感。诸多问题都给山东省的近代建筑文物的保护带来挑战。

1. 遭到人为破坏

部分近代建筑遗存价值没能得到正确的认识，就像津浦铁路济南站长期被认为是中华民族的耻辱，得不到有效的保护，因此被拆毁，导致其历史价值无法得以展现，成为山东建筑文化史上的一大遗憾。

2. 保护和利用的关系处理不当

对于部分建筑，由于过分保护导致宣传不足、建筑知名度不够，其历史和现实的价值无法充分发挥出来；而对于有些建筑则利用过度，其现代化的商业气息完全掩盖了原本的历史厚重感。

---

[1] 摘选自"山东省情网"。

(四）比较

1. 南京

南京市在中国近代史上地位特殊，近代建筑遗产类型丰富，特别是南京国民政府时期的政府建筑独具特色，部分建筑规模和等级都属于当时国内最高水平。作为民国时期的政治中心，南京市还建有包括独立别墅和集合住宅在内的大片近代居住区。[1]

早在2006年年初，南京市委市政府就制定了《南京市2006—2008年民国建筑保护和利用三年行动计划》，拉开了南京重要近现代建筑保护与利用工作的序幕。随后，南京市人大颁布了《南京市重要近现代建筑和近现代建筑风貌区保护条例》，为保护工作提供了法律依据。从2008年起，南京市陆续公布南京重要近现代建筑名录，直到2010年共计公布了300多处重要的近现代建筑。这些建筑受到保护，不能随意修缮、整治。南京市还为这些重要的近现代建筑挂牌。标志牌用天然石料雕刻而成，外观与老建筑风貌吻合，标志牌上的内容包括"编号"、"名称"、"地址"和"简介"四部分，其中"简介"部分用最简单的语句概括出建筑的时间、设计者、风格与历史意义。

2. 北京

北京旧城内的近现代建筑见证了中国从封闭到开放、从传统走向现代的特殊时代，它们代表着北京建筑发展的一个历史阶段，是北京建筑史上不可缺少的组成部分。由于近现代建筑是中西方建筑文化相融合的产物，与现代建筑风格较为相近，因此一直没有受到重视和保护，使得旧城内一批近现代建筑逐渐消失。直到2005年国务院批复《北京市城

---

[1] 杨一帆：《中国近代建筑遗产的保护和利用》陕西师范大学出版社2018年版。

市总体规划（2004年-2020年）》，首次将近现代建筑提到北京历史名城保护的角度，从而使北京历史名城保护的内涵有了新的延伸和扩展。[1]规划中提到，做好北京历史文化名城保护工作，加强旧城整体保护、历史文化街区保护、文物保护单位和优秀近现代建筑的保护。[2]

北京市按照国务院的批复精神，做了以下工作部署：一是在全市开展第四次文物普查工作，全面了解和掌握全市近现代建筑的存量和保存现状；二是重点保护好代表不同发展阶段的近现代建筑；三是保护以近现代建筑为主的整体街区以及原有建筑，采取整体保护的措施；四是研究和制订近现代建筑的维修保护标准，以保护和延续近现代建筑的历史原貌。

3. 上海

上海近现代建筑呈现出与北京、西安等中国传统古建筑，以及希腊、罗马等西方古典建筑不同的特性：一方面，建成仅有百年左右，尚"年轻"；另一方面，普遍还在使用之中。上海近现代建筑仍有很高的使用价值，历史人文价值仍在增长积累中。由此可见，保护和利用、继承和发展之间的平衡至关重要。

因此，上海市政府坚持以人民为中心的发展思想，"留""改""拆"并举，深化城市有机创新，在城市建设中更加突出历史风貌保护和城市文脉相承，同时进一步探索多渠道多途径地改善居民居住条件。[3]

---

[1] 张展：《北京文博》北京燕山出版社2007年版，第10页。
[2] 《国务院关于北京城市总体规划的批复》，国函〔2005〕2号。
[3] 当代上海研究所：《21世纪上海纪事（2017-2018）》，上海人民出版社2019年版。

4. 总结

通过与南京、北京、上海等典型中西融合的城市建筑相比，我们可以看到山东省近现代建筑遗存在保护、继承、开发上存在着差距。南京、北京、上海对于近现代建筑的保护和开发工作有其经验和特色：一是政府给予高度重视，并且以坚决的态度、合理的政策和相应法规为近现代建筑提供保护；二是结合自身的具体情况具体分析，采取适合城市发展和文化保护"双赢"的举措；三是无论是创新举措还是传统的普查和修缮，三座城市都实现了近现代建筑在保护继承和开发利用上的统一。以上三点为山东省近现代建筑遗存的下一步保护和开发工作提供了经验借鉴。

（五）展望

建筑是凝聚的艺术，历史文化建筑是历史的见证和文化的结晶，因此留住历史文化建筑遗产、创建新型文化建筑是我们保护历史和创造文化的使命。尤其在山东省现代化进程中，作为城市文化建设不可缺少的一部分，文化建筑何去何从是重要的一环。必须真正提高对历史文化建筑遗存的保护、利用、开发和展示重要性的认识，确保历史城镇、街区和文物整体与现代化建设之间的和谐关系，适应城市文化可持续发展。针对山东省文化建筑保护与发展中存在的问题，提出以下几点措施：

1. 注重对近代文化建筑遗存的保护

注重对文物古迹的保护。文物保护绝不能因为现代的审美观念，改变其原有的风格面貌，也不能因为节约经济成本，而粗制滥造，总体来说，即遵循真实性原则；保护性开发历史建筑群，减少拆旧建新的行为，避免建筑遗存因过度商业化改造，失去原有的历史厚重感；实行点面相结合的保护方式，注重对历史建筑群的整体保护，使背景环境和谐；进行文化建筑的基础设施改造，使其兼备功用和美观，符合建筑本身的风格。

2. 立足大局，科学规划建设文化建筑

政府需要做好科学的统筹规划，合理进行城市布局，改善历史建筑与现代建筑交错的状态；多途径多角度对近代建筑遗存进行价值评估，进而得出最佳保护与开发方案；做好现代新型建筑群和近代文化建筑遗存的地带区划，确定混合建造或是分区建造方案；眼光长远、立足大局，从整体的、长久的利益出发，建筑群的规划应该兼顾社会效益和文化效益，同时获得经济效益。

3. 加强执法，做好文化建筑的保护工作

健全文化建筑管理制度，加强执法，切实落实保护第一、合理利用的方针，政府部门要从战略上认可开发与保护并存的重要性，有目的、有计划、有组织地进行工作，将文化建筑遗存的可持续发展作为一项重要责任，并将有计划的发展和保护措施纳入地方发展规划；对历史建筑的修缮和装饰装修设计、施工方案等进行严格审批，时时监督，做到事前审批、事中监管、事后检验，防止建筑修复粗制滥造，直接或间接破坏文化建筑；建立文化建筑遗存专项研讨小组，基于对文化建筑的考察提出切实性的建议，以增强管理制度的针对性。

4. 多渠道筹集资金，确保稳定的资金保障

多渠道筹集文化建筑保护资金，确保稳定的资金保障；以国家资金投入为主，同时呼吁吸收民营企业参与到带动和发展旅游业的工作中来，以获得"双赢"局面；广泛动员全社会参与历史文化遗产的保护、维护、修复、展览和科研工作，接受国内外企业、团体和个人的捐赠，建立历

史文化遗产保护基金；将文物建筑引入市场，扩大其影响力，使其实现文化价值与经济价值的统一。

三、山东高校建设

山东乃至整个中国在古代的教育多为私塾和书院教育，随着近代西方列强入侵，中国教育开始走上改革之路，山东的文教事业也开始发生变化。近代教育机构多称学堂，如山东大学堂、山东高等农业学堂等，这些近代学堂在经历合并重组或者分离后发展成为山东省的部分高校，并延续至今。

近年来，山东省不断加强政府对高等教育的领导和统筹，全面、深入进行管理体制和办学体制改革。积极转变政府职能，扩大高校办学自主权；推进民办教育发展，形成多元化的办学体制和投资机制，适应经济社会发展需要，不断调整学校布局和学科专业设置，优化教育资源配置，初步形成科类较为齐全、结构较为合理的学科专业体系。经过不懈努力，山东省高等教育从专科、本科教育到研究生教育，从公办到民办，从规模到效益，实现了跨越式发展。[1]

高等教育的发展同样是文化现代化的重要一环，高等教育意味着现代化人才的培养，这将会是现代化建设的动力来源。因此，通过山东高校建设的现代化可以窥探山东省现代化建设的一隅。

---

[1] 摘选自"山东省情网"。

（一）历史

　　山东省最早的高校形态是近代的学堂，这些学堂在办学理念、培养目标、课程设置、教学内容和方法等诸多方面借鉴西方近代教育，多聘用接受过现代先进思想熏陶的人才，但是此时的教育仍然是封建式的，教育权握在官僚手中，学堂所有监督人员由府道班子官员充任。

　　进入民国时期，私立学校与公立学校并存，形成了一个多形态、灵活性较强的"差序格局"。尤其在抗战艰难时期，民国政府大力支持教育，不惜一切代价办教育，因此近代的高校建设有一定的成果。但是因时代所限，战乱频仍、颠沛流离，近代的山东高校多经历迁址、分离、合并等变故，在曲折中发展。

1. 山东大学堂

　　山东大学堂是继京师大学堂之后中国创办的第二所官立大学堂，是如今山东大学的前身。

　　1901年，山东巡抚袁世凯向朝廷上奏《山东试办大学堂暂行章程折稿》（简称《折稿》），同时调蓬莱知县李于锴进行筹备。同年11月《折稿》获准，在济南泺源书院正式创办了官立山东大学堂，周学熙任管理总办（校长）。其后几经迁址、更名。1914年，北洋政府实行全国设立大学区、各区中心城市设大学、各省设专门学校的教育体制。山东大学堂停办，师生分别转入法政、工业、农业、商业四个专门学校，校长丁维椽继任商业专门学校校长，校舍由法政专门学校使用。

2. 山东高等农业学堂

　　山东高等农业学堂于1906年由王景禧创办于济南，讲授高等农业学艺，以备将来改良公司农务产业，补充各学堂农业教员、管理员。先设中学科,分农业、林业、蚕业三科,均三年毕业,兼补习普通科学,毕业后升入普通本科。本科内设农学、林学、土木工学、兽医等科,均三年毕业。开办时,招生以120名为限,后扩充校舍,逐年添招,以400名为额,其中官费生100名,自费生300名。延聘日本农学教习,选派学堂监督。省城东关外的农业试验场及新开辟的千佛山、燕子山、马鞍山林业试验场均附于学堂。[1]

后几经变迁,1952年经全国院系调整,成立山东农学院。1958年,院址由济南迁至泰安。1983年,更名为山东农业大学。1999年7月,原山东农业大学、山东水利专科学校合并,同时山东省林业学校并入,组建新的山东农业大学。[2]

3. 私立青岛大学

私立青岛大学创办于1924年5月,由北洋政府直系将领胶澳商埠督办、原教育总长、交通部部长高恩洪牵头倡办,校址为原德军俾斯麦兵营,直系败退后由奉系山东省议长宋传典接任校长。学校经费无着,形势顿趋逆转。奉系军阀得势后,由张宗昌督鲁,温树德任胶澳商埠督办。温树德垂涎私立青岛大学之校舍,拟恢复兵营,继续驻兵。因有宋传典鼎力维持,学校艰难维持,但自1925年以后再未招生。1928年初,北伐革命军进抵山东,张宗昌败逃,学校经费断绝来源,私立青岛大学不得已停办,学生均按大学结业处理。南京国民政府在此基础上合并在济南停摆的省立山东大学筹建国立青岛大学,直至1930年7月重新招生。

山东高校建设历史悠久,从近代开始兴起学堂教育之时就紧跟时代要求有所建设。虽历经曲折但是依然屹立不倒,传承着高等教育的精神

---

[1] 郑天挺,谭其骧:《中国历史大辞典》,上海辞书出版社2010年版。
[2] 摘选自"山东高等农业学堂 360百科"。

与规范。[1]

（二）现状

近代的大学堂大都延续至今，成为如今高校的前身；除此之外，山东省还新建了众多新型现代化院校。无论是历史厚重的老校还是年轻的新校，如今都走在现代化的路上，其现代化建设不仅仅体现在教育教学工作中，更融入学术研究、学科建设中。

1. 山东大学

山东大学是一所历史悠久、学科齐全、实力雄厚、特色鲜明的教育部直属重点综合性大学，在国内外具有重要影响，2017年顺利迈入世界一流大学建设高校（A类）行列。

山东大学前身是1901年创办的山东大学堂，被誉为中国近代高等教育起源性大学。其医学学科起源于1864年，开启近代中国高等医学教育之先河。从诞生起，学校先后历经了山东大学堂、国立青岛大学、国立山东大学、山东大学以及由原山东大学、山东医科大学、山东工业大学三校合并组建的新山东大学等几个历史发展时期。

近年来山东大学实现了跨越式发展，各项事业均达到了前所未有的高度，学校的综合水平和办学质量明显提升，国际影响力显著增强，是中国目前学科门类最齐全的大学之一，在综合性大学中具有代表性，涵盖除军事学以外的所有学科门类。[2]

---

[1] 摘选自"私立青岛大学360百科"。
[2] 摘选自"山东大学官网"。

2. 中国石油大学（华东）

中国石油大学（华东）是教育部直属全国重点大学，是国家"211工程"重点建设和开展"985工程优势学科创新平台"建设并建有研究生院的高校之一。学校还是教育部和五大能源企业集团公司、教育部和山东省人民政府共建的高校，是石油石化高层次人才培养的重要基地，被誉为"石油科技、管理人才的摇篮"，现已成为一所以工为主、石油石化特色鲜明、多学科协调发展的大学。2017年、2022年均进入国家"双一流"建设高校行列。[1]

3. 中国海洋大学

中国海洋大学是一所海洋和水产学科特色显著、学科门类齐全的教育部直属重点综合性大学，是国家"985工程"和"211工程"重点建设的高校，2017年9月入选国家"世界一流大学建设高校"（A类）。

中国海洋大学创建于1924年，历经私立青岛大学、国立青岛大学、国立山东大学、山东大学等办学时期，于1959年发展成为山东海洋学院，1960年被国家确定为全国13所重点综合性大学之一，1988年更名为青岛海洋大学，2002年更名为中国海洋大学。[2]

4. 山东师范大学

山东师范大学办学文脉可追溯到1902年山东大学堂内设师范馆，目前已发展成为一所学科专业齐全、学位体系完备、师资人才充沛、社会声誉优良的综合性高等师范院校。1981年3月，学校被确定为省属重点高等学校；同年8月，更名为山东师范大学。2012年11月，学校被

---

[1] 摘选自"中国石油大学（华东）官网"。
[2] 摘选自"中国海洋大学官网"。

确定为山东省首批重点建设应用基础型人才培养特色名校。2014年3月，学校被批准为山东省和教育部共建高校。2017年11月，学校获评第一届全国文明校园。[1]

5. 山东科技大学

山东科技大学源起于1951年在淄博洪山设立的山东矿区第二煤矿职业学校和1956年建立的济南煤矿学校，两所学校分别发展为淮南矿业学院与山东煤矿学院。1963年，淮南矿业学院撤销并入山东煤矿学院。1971年，山东煤矿学院与泰安煤矿学校在泰安组建山东矿业学院。1999年，山东矿业学院与山东煤炭教育学院合并组建山东科技大学。2001年，山东省财政学校并入。2004年，学校主体搬迁至青岛。[2]

山东科技大学是一所工科优势突出，行业特色鲜明，工学、理学、管理学、文学、法学、经济学、艺术学等多学科相互渗透、协调发展的山东省重点建设应用基础型人才培养特色名校，是山东省人民政府与原国家安全生产监督管理总局共建高校。学校科技园是科技部、教育部共同认定的"国家大学科技园"和"高校学生科技创业实习基地"。[3]

6. 青岛大学

青岛大学办学起源于1909年创办的青岛特别高等专门学堂。学校是山东省属重点综合大学、山东省与青岛市共建高校，建有国家大学生文化素质教育基地、华文教育基地，是教育部"本科教学工程"地方高校第一批本科专业综合改革试点高校、教育部第一批临床医学硕士专业学位研究生培养模式改革试点高校、教育部卓越工程师和卓越医生教育

---

[1] 摘选自"山东师范大学官网"。
[2] 摘选自"山东科技大学 百度百科"。
[3] 摘选自"山东科技大学官网"。

培养计划试点高校、教育部创新创业教育改革示范高校、教育部高校教师考核评价改革示范性高校、教育部来华留学示范基地。[1]

7. 鲁东大学

鲁东大学是一所以文理工农为主体、多学科协调发展的省属综合性大学。2012年,该校成为首批"山东省应用型人才培养特色名校"、服务国家特殊需求博士人才培养项目单位。2014年,获批教育学博士后科研流动站。2017年,获批"全国创新创业典型经验高校"和"全国高校实践育人创新创业基地"。2019年,在省属公办本科高校绩效考核中获评"优秀"等级。原文化部部长、著名作家王蒙评价鲁东大学为"人杰校灵"。[2]

8. 曲阜师范大学

曲阜师范大学于1955年创建于济南,始称山东师范专科学校;后几经变迁,1985年11月,学校更名为曲阜师范大学。2012年,学校入选山东省应用基础型人才培养特色名校。2017年,入选全国第二批创新创业教育示范高校、教育部实施卓越中学教师培养高校。2018年,入选全国创新创业教育典型经验高校50强、山东省首届文明校园。目前学校已经发展成为一所学科门类齐全、培养体系完善、办学条件优良、教学科研具有相当实力、师资力量比较雄厚的省属重点大学。[3]

9. 山东第一医科大学

山东第一医科大学(山东省医学科学院)是山东省重点建设的大学,

---

[1] 摘选自"青岛大学官网"。
[2] 摘选自"鲁东大学官网"。
[3] 摘选自"曲阜师范大学官网"。

也是山东省最大的医学科学研究机构。同时学校是一所年轻的高校，它的成立基于特定的条件。2019年，为优化山东省高等教育发展布局，山东省委省政府实施科教融合改革，整合泰山医学院、山东省医学科学院、山东省立医院、山东省千佛山医院等资源组建山东第一医科大学。经教育部评审批复，山东第一医科大学于2019年2月正式成立，同时挂山东省医学科学院牌子。[1]

除部分著名高等院校外，职业院校也纷纷兴起。山东省有各类专门职业院校，像山东交通职业学院、山东传媒职业学院等，各地市也都建有职业院校，像德州学院、潍坊学院等。

整体看来，如今的山东高校建设呈现向好趋势，高校数量增多，教学质量提高，有多所国家重点工程院校，高校学科涵盖领域广，既有专门院校，也有综合类院校，优势互补，全面建设，高校虽主要集中在济南市、青岛市等经济文化中心城市，但在各地市也有部分院校分布，有利于实现教育公平。

（三）问题

1.高校建设质量良莠不齐

虽然山东省高校的数量在增加，但有些大学的教学质量需要大幅度提升。山东大学、中国海洋大学、山东师范大学等省级重点高等院校，始终在追求高质量发展，并且不断突破，但是很多新兴职业院校的教学质量和科研力量略显不足。

---

[1] 摘选自"山东第一医科大学官网"。

2. 高校自主发展、各自为战，资源共享机制有待完善

山东省的各大院校大多自主发展，彼此之间的交流合作相对较少，这就带来了资源重复，甚至是浪费的问题，且不利于学术、科研方面的交流进步。山东大学、中国海洋大学等部属重点大学势头正猛，其他普通高等院校奋起直追。由于资源的不均衡，高校之间无法有效地共享资源，因此二者之间的差距很难缩小，山东省的高校教育出现"强者愈强，弱者愈弱"的局面，因此山东省内3所"211""985"院校的"马车"拉力作用无法得以充分发挥，山东省的整体高等教育水平不能得到质的提升，出现一流高校少、普通高等院校扎堆的现象。

3. 高校科研的资金投入不足

高校建设的资金较为缺乏，资金保障作用发挥不充分，进而严重阻碍高校的可持续发展。尤其是在科技创新经费的投入方面，近年来虽有上涨趋势，但是较全国平均水平还是相对较低。资金保障不到位，在一定程度上会影响对科技创新重视程度以及科技创新的实力的提升，进而带来科技创新能力不足的隐患。高校基础设施建设的资金投入也相对较低。

4. 高校的科技创新型人才数量整体缺乏，且分布不均衡

山东省高校的学科门类齐全，高校数量也较多，但是科技创新型人才数量相较于湖北省、广东省、江苏省略低，更遑论北京、上海等科教文化重地。人才结构不合理，高层次的人才主要集中在省内的"211""985"大学，也就是山东大学、中国海洋大学和中国石油大学（华东）。据相关数据统计，山东省内的3所部属高校的各学科科技创新型人才数量在相应的各类高层次人才中所占的比例全部为50%以上，

这个比重值得注意。[1]

5. 山东省的高校与企业的合作不足，产学研未能较好衔接

产学研是将生产、教育、科研不同的社会分工在功能与资源优势上进行对接，如果衔接得当，科技创新转化为生产力的效率会大大提升，有效解决我国技术领域原始创新匮乏、共性技术供给不足等问题，同时毕业生就业的机会会大大增加，有助于缓解日益严峻的就业压力。山东省的高校与山东乃至全国的企业合作力度和广度明显不足，产学研不能较好地衔接。衔接不够的原因有二：一是宣传力度不到位，学生对产学研方面的知识不熟悉；二是高校和企业建立的联系较少，对知名企业了解不多。

（四）比较

1. 北京

北京是全国教育最发达的地区之一，聚集了全国数量最多的重点大学。北京也是全国最大的科学技术研究基地，有中国科学院、中国工程院等科学研究机构和号称"中国硅谷"的北京中关村科技园区，每年获国家奖励的成果占全国的三分之一。[2]

北京化工大学、北京林业大学、北京交通大学、北京科技大学、北京邮电大学、中国地质大学（北京）、中国矿业大学（北京）、中国石油大学（北京）、燕山大学12所高校成立北京高科大学联盟，是我国进行全方位合作的高校联盟之一。这12所联盟成员都有显著的行业办

---

[1] 数据来源：学术堂网站《山东高校科技创新能力建设存在的问题及制约因素》
[2] 摘选自"北京市 360 百科"。

学特色和突出的学科群优势,在其行业领域内处于"领头羊"地位,联盟将围绕国家重大战略需求和重大科学问题,发挥在基础研究、前沿技术和示范性集成应用方面的特色和优势。[1]

2. 武汉

武汉市有武汉大学、中国地质大学(武汉)、中南财经政法大学、华中师范大学、华中科技大学、华中农业大学、武汉理工大学等多所国家重点高校,以上7所教育部直属高等学校于1999年组成了武汉高校联盟,由华中科技大学和武汉大学两所高校牵头武汉地区,其他5所高校根据资源共享、优势互补、平等互利、相互促进等原则,各自拿出校特色优势专业联合办学。武汉高校联盟是中国大陆持续时间最长、实质性参与高校最多、合作范围最广、受益学生最多的一种联合办学模式的实践。

3. 陕西

陕西师范大学、西北大学、西安外国语大学、西北政法大学、西安邮电大学5所高校联合成立陕西高校长安联盟。这5所高校的10万多名大学生可以前往联盟中的任意一所大学,跨校选修学分、攻读辅修专业。同时,5所高校的各类教学资源和教师资源均可实现开放共享。

联盟高校从四个方面加强全面战略合作:一是联合培养,充分发挥现有特色专业的人才培养优势,为其他高校提供跨校、跨专业的学习机会;二是资源开放,联盟高校积极推进图书资料、学术讲座、学科竞赛、在线课程、实验室等教学科研资源共享;三是协同创新,联盟高校通过多种合作形式,充分聚合优质资源,在学科建设、人才培养、科学研究

---

[1] 摘选自"高校联盟 百度百科"。

等领域推进协同创新;四是师资互聘,联盟高校的师资在人事关系保持不变的前提下,在教学、科研领域实行互聘共享。[1]

4.重庆

重庆市同样建立了"重庆市大学联盟",由重庆大学、西南大学、西南政法大学、中国人民解放军陆军军医大学、重庆医科大学、四川外国语大学6所高校联合发起并成立,依据自愿、平等、合作、发展的原则,旨在促进成员高校之间互惠、互利的合作关系,充分发挥和利用联盟成员学校的特色和优质办学资源,开展互补性合作,提升各联盟成员的教育质量、办学水平与社会声誉。

5.总结

通过将以上城市或地区的高校建设与山东省高校建设相比较,我们发现,以上高等教育较为发达的地区的政府转变职能,服务于高校建设,对高校的资金、人才政策给予高度支持的,这些地区的高校结成联盟,开展互补性合作,互惠互利,资源共享,协同创新,以实现共同进步。而这正是山东省高校建设中所缺少的,是值得借鉴学习的。

(五)展望

1.政府加强评核管理,保证高校建设质量

山东省教育部门制订公正明确、实事求是的审查评价标准和严格的考核制度,加强对高校学术科研平台的监察和管理,建立有效的激励奖罚制度。对于成绩考核优秀的高校给予资金、政策支持;对于成绩不达

---

[1] 摘选自"高校联盟 百度百科"。

标的高校，给予惩罚；对于严重不合格者，甚至可以予以淘汰。具体情况具体分析，以此引导山东高校在科研创新中增加数量的同时，注重质量提升。

2. 建立有效的高校联盟，加强区域间高校合作交流，促进资源共享

借鉴其他区域的高校联盟，将山东省境内的部分高校进行联合，虽然山东济南目前建有长青联盟，但是其存在影响力小、知名度低、合作成果收效不显著等问题。因此最好的方法就是整合资源，提高科技资源利用率。加强高校间的科技资源整合与共享力度，推进协同发展，保障科研人员充分利用先进仪器和设备、知识储备，大幅度提高科研水平和效率。

3. 加大高校科研资金、人才投入，给予积极的政策支持和全面的服务保障

资金和人才是科技创新的重要因素，资金的稳定为学术创新提供坚实的后备支撑，人才的引进为学术创新提供源源不断的动力和能量。山东省政府应当充分整合多方资源，为科研提供经费保障、人才支持、政策鼓励等全方位的服务，促进高校高水平科研平台的建设。

尤其是人才的引进，注意做好人才管理工作。根据实际需要，合理确定引进人才的薪酬标准，制订有效的激励机制，激发人才的工作积极性和主动性；解决好引进人才、医疗、住房等方面的问题，解决好其配偶工作、子女入学、家庭安顿等现实问题，努力解除引进人才的后顾之忧；加强人文关怀，营造安心工作、舒心生活的良好环境，进而提高高层次科技人才的科研创新效率。

4.推动和鼓励校企合作,建立"产学研"连接

山东省内各地高校应积极与地方政府、企业展开合作。根据企业经济发展的实际情况,发挥高校人才的创新才能,深入开展产学研融合,促进学科成果向生产力的转化;建设校企合作机制,在产学研融合的基础上,进一步与企业开展特色学科和应用型人才的培育建设工作,实现学科建设和企业创收的共赢。另外,通过高校与地方政府、企业的合作,拓展高校毕业生就业渠道,增强高校人才与企业的联系,提高就业率,缓和日益严峻的就业压力。

5.以高校为主体,注重学术创新,释放高校的创新活力

政府做好职能的有效转变,扩大高校自主办校权,鼓励高校大胆改革创新,建立高校自己的特色模式,发挥高校在科研创新和高等教育方面的主体作用,适当减少在高校建设中尤其是创新层面的政策束缚,释放高校的创新活力。

四、城市医疗卫生

在中国古代,山东省的医疗多为以家庭为单位的乡村医生(古代也称郎中)进行诊治的中医模式,存在药铺和诊所分离的现象,也有坐诊和药铺结合的情形。直到近代西方医院的传入,将医生、药房、护理等集于一体,山东省才有了真正现代意义上的医疗机构。西医传入后,以其见效快的特点深受人们的青睐而得以广泛传播,成为现代人看病治疗的主要方式和首要选择。西医的传入也影响了医学教育,西医教育开始兴起,逐渐出现了专门的医学院校,一直延续至今。在高等院校中,医

学已经成为不可或缺的一门学科。

西医医疗体系是医疗事业的骨干体系。1986年起,山东省政府从解决群众看病难、住院难入手,启动公立医院改革,延长门诊时间,提倡加班诊治,发展家庭病床,鼓励厂企医院向社会开放。同时,还支持个体行医,全省医疗资源迅速增加。1992年后,各级医疗机构以改革开放为动力,多渠道筹集资金,加强基础设施建设和设备配置,培养引进高技术人才,开展创建甲级医院活动。全省西医医疗科技水平、服务能力大幅提升。

(一)历史

近代的医疗机构主要是西方传教士和修道院建立的医院和福利机构,在近百年的历史中,山东的基督教教会建立了医院及与医学教育相联系的近代医疗体系。当然教会这么做的目的并不单纯,它们以期将这一体系变成传教的工具。

1. 教会医疗事业的初创与发展

山东基督教教会的医疗活动,最初是出于传教士本身的需要。传教士到中国来,水土不服,难以适应中国北方地区的气候,经常患病。来华的传教士虽然懂得一些医学知识,能处理简单的疾病,但这远远不能满足实际的需要。因此建立教会医院为传教士提供医疗保障,关系到传教士在传教地立足。

另一个原因是传教士很早就认识到医疗活动对传教的重要影响。19世纪的山东地区,只有零星的中医散落在民间,运用传统的医学理论和中草药防病治病。这种当地的民间中医的医治,理论和诊断方式相对落后于当时迅速发展的西方医药科学。中国社会迫切需要现代的医药科学。

对传教士来说，他们可以通过看病救人来改变人们对西洋教会的看法，从而推进传教事业的发展。

山东基督教教会的医疗活动开始于1860年初，初创时颇为艰难。早期诊所的创办遭到地主士绅的竭力反对，又因为山东当时的生活条件比较差，医药传教士不愿意留在山东行医。1881年，传教士聂会东到达山东以后，长老会在山东的医疗事业才开始呈现比较稳定的状态。英国创办的医疗事业也于19世纪下半叶开始起步，但在1900年以前，浸礼会在山东具备完全医生资格的传教士很少，直到1900年后才有专门医生来山东。总体来说，这一阶段是教会医疗发展的时期。医疗机构建立的速度非常缓慢，建筑与设备也很少。

2. 正规医院的建立与发展

1900—1914年，也就是义和团运动失败之后到第一次世界大战爆发前，基督教会在中国有较大的发展，山东的各个差会都有推进教会医疗事业的计划，他们要建造合乎要求的医院，要提供较好的设备，要寻找接受过完备高等教育的医生与护士。到了20世纪20年代，教会的医疗事业达到了全盛时期。

1920年，山东的教会医院有很大的发展，最著名的当属济南共合医院。此外多所差会设有医院，除了医院的数目增多、规模扩大外，医院的设备也在逐步购置，医疗条件日益改善。在传教的中心地区，医院的现代化程度比较高，有电力、供水、取暖及卫生设施，此外科室设置也较为齐全，一切按照西式医院的模式设计。但是这一时期教会医院的分布并不均衡，主要分布在中部和东部传教士活动较多的地区，在教会活动较少的鲁西南地区，即使有教会医院，医疗设备也相对简陋。

3.医学教育的发展

医院的发展刺激了社会对医学人才的需求,教会的医学教育在19世纪末就已发端,但是进度缓慢。起初传教士聂会东采用手工作坊式的师傅带徒弟的方式培养医疗人才,但是局限性很大,于是传教士医生们在行医过程中逐步走向联合办学。1890年,聂会东夫妇到济南后与洪士提凡夫妇和安德森建立了女士医院,并创建医校,取名为华美医院医校。同年开始招生,但是人数很少。1900年以后,医学教育规模得到进一步扩大,随着山东的基督教教会教育的发展,北美长老会和英国浸礼会于1903年联合起来,集中力量办学。于是,济南聂会东、青州武成献和邹平巴德顺所办的医校合称为山东共合医道学堂。之后,华美医校与青州医道学堂合并,改称济南共合医道学堂。1907年,在济南南新街购地建立济南共合医道学堂新址及医院。1911年医院和学堂落成,成为全国四大教会医学院之一,为培养医生提供了基地。由于山东的基督教教会医疗有了一定的基础,基督教在华传教的高层组织把山东的教会医学事业作为一个重点。1917年齐鲁大学正式成立,医道学堂成为齐鲁大学医科院。民国期间,学生接受中国政府颁发的医学学士学位。其后的十几年,医学院不断发展,到抗战前,齐鲁大学医学院已在国内享有很高的声誉。

4.医生的专业化

19世纪教会医院的医生往往是传教士,随着医疗事业的发展,传教士逐渐转变为专职的医生。由于参与合作的差会与日俱增,各差会派来的学有所长、在国内有相当名望的学者也日益增多。他们不但充实了山东医学教育的阵容,也使得齐鲁大学医科在社会上有了较大的名气。在齐鲁医院中,由于医疗业务的日益繁杂,技术要求也越来越高,医生除了参加例行的宗教活动外,已经不能同时承担传教任务了。这种专业化的倾向合乎医疗活动的发展要求,也有利于医生业务水平的提高。

5. 专门医院的建立

旧时代的山东，麻风病的发病率非常高。随着教会医院的发展，传教士医务人员把在西方社会中防治传染病的方法应用于中国。山东最早的专门治疗麻风病的医院是由美国基督教教会的一位女传教士创办的，即 1918 年道德贞女士创建的滕县恩赐庄基督教麻风院。自滕县麻风病院建立后，各地教会设立了一些类似的医院，如 1926 年，济南齐鲁大学附属医院也创办了麻风病院。但是这类麻风病院医务人员很少，没有什么正规的治疗措施，实际上属收容性质。

（二）现状

1. 省部属医院

省部属医院作为现代公立医疗机构的主体部分，在医疗体系中发挥着重要作用，主要有山东省立医院、山东省千佛山医院、山东大学齐鲁医院、山东大学第二医院、山东大学口腔医院、青岛大学附属医院、山东第一医科大学第二附属医院、滨州医学院附属医院、潍坊医学院附属医院、济宁医学院附属医院。

（1）山东省立医院

山东省立医院始建于 1897 年，迄今已有 120 多年历史，现已发展成为集医疗、科研、教学、预防保健、指导基层于一体的大型综合性三级甲等公立医院。

医院实施精准健康扶贫，开展先天性心脏病患儿救助等十多个惠民医疗救助项目。加大医疗援助力度，对外派出了援坦、援塞，对内派出了援藏、援疆、援青医疗队。注册志愿者 7 354 人，社会公益工作取得明显成效。积极承担社会责任,完成胶济铁路交通事故、"非典"、汶川地震、青岛输油管道爆炸等重大事件的救助任务,以及山东儒商大会、第十一届全运会等重要活动的医疗保障任务,树立了良好的社会形象,彰显了责任担当。[1]

(2)山东省千佛山医院

山东省千佛山医院(山东第一医科大学第一附属医院)成立于1960年,为山东大学齐鲁医学院临床学院、山东省慈善医院。医院在国家困难时期建立,汇集了一大批国内知名的专家学者,初期主要承担全省干部保健工作,为此后山东保健康复事业的发展奠定了坚实的基础。后几经更迭,至20世纪70年代末始成为面向社会开放的省级综合医院。改革开放以来,经过几十年的开拓创新,医院步入发展快车道,目前已建设成为一所集医疗、教学、科研、康复、保健、预防、急救于一体的省级大型综合性三级甲等医院。[2]

(3)山东大学齐鲁医院

山东大学齐鲁医院是国家卫生健康委委属(管)医院,教育部直属重点大学——山东大学的直属附属医院,首批委省共建国家区域医疗中心(综合类)牵头和主体建设单位。医院始建于1890年,先后称华美医院、共合医院、齐鲁医院、山东医科大学附属医院等,2000年10月更名为山东大学齐鲁医院。作为山东大学的附属医院,山东大学齐鲁医院建立了完整的临床教育和规培体系,承担着山东大学临床医学从本科到博士的教学任务。[3]

---

[1] 摘选自"山东省立医院官网"。
[2] 摘选自"山东省千佛山医院官网"。
[3] 摘选自"山东大学齐鲁医院官网"。

（4）青岛大学附属医院

青岛大学附属医院始建于1898年,是一所集医疗、教学、科研、预防、保健、康复等功能于一体的省属综合性三级甲等医院、省直保健定点医院,位列复旦"中国医院排行榜"第53位。[1]

2. 民营医院

1986年,山东省内的民营医院开始出现,2000年后发展较快,多以专科为主。民营医疗机构满足了不同层次人群对医疗服务的需求,为居民提供了更多的就医选择,成为全省医疗卫生服务体系一个有机组成部分。[2]

3. 疗养康复机构

疗养康复机构是提供水疗、光疗等物理治疗,并配合饮食、体操等疗法帮助病人恢复健康的医疗机构。20世纪80年代初,山东有疗养机构50多处,多由卫生、供销、粮食、煤炭等部门创办,主要为高级干部或本部门符合条件的职工服务。20世纪90年代,各地调整卫生资源,部分疗养机构被撤销,改为康复机构,增加服务项目,向社会开放。2005年,全省有疗养院(所)20处、康复医院14处,共有床位6 009张、卫生技术人员2 400余人。

4. 医学教育体系

高等医学教育承担着培养高等医学人才、发展医学科学技术、促进医学现代化的重要任务。1986—2005年,山东高等医学教育经历了改革

---

[1] 摘选自"青岛大学附属医院官网"。
[2] 摘选自"山东省情网"。

探索、功能调整、高速扩展到稳定发展4个时期,高等医学专业由最初的19个增至53个,初步形成适应全省卫生事业发展需要的多层次、多形式、学科门类基本齐全的高等医学教育体系。1986—2005年,山东省公立高等医学院校主要有山东医科大学、山东中医药大学、青岛大学医学院、泰山医学院、潍坊医学院、滨州医学院、济宁医学院、山东医学高等专科学校、菏泽医学专科学校、山东中医药高等专科学校等。[1]

5. 基层医疗

合作医疗是农村合作化后逐渐发展起来的医疗制度,由生产大队和社员共同筹集医疗资金,实行集体互助。1990年,山东省卫生工作会议要求,积极探索新形势下农村合作医疗之路,逐步解决农民医疗保障问题。此后,全省实行合作医疗的村庄数量日益增多,覆盖人口逐年增加,覆盖率不断提高,1995年部分城市可达80%以上。1998—2002年,因乡镇财政和村集体引导资金较少或无引导资金,农民参与合作医疗的积极性不高,合作医疗运转困难。2003年以后情况有所好转,截至2005年底,全省累计启动省级新农合试点县46个,参合农民为1 845.7万人,参合率为84.57%。

(三)问题

1. 社会医疗保障体系不健全,低收入群体难以获得医疗保障

医疗费用急剧上涨,医疗保障体系存在不完善之处。尽管城镇职工医疗保险的覆盖面不断扩大,新型合作医疗也在农村地区迅速扩展,但是仍然存在覆盖不全面的问题。一部分群体仍然无法享受医疗保险制度

---

[1] 摘选自"山东省情网"。

的优惠，同时，目前的医疗保障补偿水平无法抵消迅速增长的医疗费用，因此无论城乡都存在一些居民"看病难"的问题。

2.医疗卫生资源结构不合理

城乡医疗卫生资源配置不均衡。大中城市和基层的医疗资源分配不均衡，大医院得到医疗资源多而充分发展，而基层医疗机构得到的资源少，相对薄弱。首先是省市级的大医院投入多，基层医疗机构投入少；其次是大量的卫生技术人员集中在大医院，基层的卫生技术人员数量、能力不足。

资源要素在医疗结构内部配置失衡。首先表现为医护比持平，仅为1∶1，护士配备严重不足，影响到医院的医疗服务水平。其次表现为专科医院发展相对较慢，儿科、精神卫生、康复、老年护理等领域明显薄弱。资源配置失衡造成的最直接的结果也是"看病难"的问题。

（四）比较

1.北京

北京市医疗卫生事业资源总量持续扩张，规模增长较快，具有较强的医疗卫生服务供给能力；医疗保障覆盖面逐步扩大；居民主要健康指标基本达到发达国家水平；医疗支出上涨趋势放缓。

服务能力明显提高。医疗卫生从业人员中高级技术人员比例不断提高，技术装备水平显著提升，诊疗服务人次迅速增加，疾病的诊断治疗水平进一步提高。北京集聚的各级各类优质资源，不仅服务于北京，而且惠及全国。

服务体系基本健全。目前北京市已经形成了以二、三级医院和专科医院为龙头，社区卫生服务中心（卫生院）为枢纽，社区卫生服务站及村级卫生机构为网底的三级医疗保健网，基本满足了城乡居民的基本医疗服务需求。[1]

2. 上海

2006年，上海市各级各类医疗卫生机构有2 519所，卫生技术人员有10.9万人。2010年后，上海医疗卫生机构的数量稳步上升，到2016年已经达到5 011个，其中医院数量从2006年的不到300个上升到350个，医疗卫生专业人员已接近18万人。

近年来，随着上海大力推进医疗卫生服务建设下沉的发展，基层医疗卫生服务业得到政府资金和政策的有力支持，家庭医生制度也在逐步推进。

公共卫生工作得到加强。1998年以市卫生防疫站为主体，在全国率先成立市疾病预防控制中心，1999年医疗卫生服务体系已经由三级医疗网逐步向医院和社区卫生服务中心的两层架构转变。远程医疗等技术手段已经得到推广使用。

医疗保障制度不断完善，覆盖面更广，上海城乡城保、镇保和村保的差别明显缩小。上海建立了中小学生、婴幼儿住院医疗互助基金，覆盖率历年来一直超过90%。[2]

3. 总结

和北京、上海的医疗卫生体系相比，山东省的医疗卫生体系还有较大的差距：机构数量少，技术水平较低，设备较为落后，城乡居民基本

---

[1] 张工：《2008首都经济社会发展研究与探索》，中国人口出版社2008年版。
[2] 陆晓文：上海市纪念改革开放40年研究丛书之《改革开放40年与上海市民生活质量变迁》，上海人民出版社2018年版。

医疗服务覆盖率相对较低,远程医疗技术的沟通和运行还有待改进,家庭医生制度未得到有效的推进等。

(五)展望

1. 发展基层医疗卫生事业,完善公共卫生和医疗服务体系

制定优惠政策,引导城市医疗技术人员积极投身于基层医疗卫生建设中去,完善医务人员在基层工作的薪酬、职称等激励机制;加大对农村地区医疗卫生建设的资金投入,购置先进的医疗机械设备,提高农村医疗建设现代化水平;推进基层医疗卫生机构的标准化建设,加强社区医务人员的技能培训,重点培育社区全科医师;加强社区医疗卫生机构与街道办事处、村委会、居委会等基层机构的衔接,开展公共卫生知识宣传,让基本医疗卫生知识进万家;等等。

2. 多渠道、多途径筹集资金,保证资金供应的稳定性

改变公共卫生服务体系,改革过度市场化的倾向,政府对公共卫生和公益性医疗服务应该给予大力支持,扭转预算支出占卫生总费用比重持续下降的局面,提高落后地区和贫困人群分享医疗卫生保健和医疗卫生服务的公平性,使公共卫生保健方便、公平地服务于全体社会成员。

开放医疗卫生市场,改善医药产业和卫生事业的投资环境,通过政策引导等方式,鼓励和支持社会资金尤其是慈善基金投入医疗卫生事业,构建多渠道、多途径的投资新格局,以便更好地满足人们的就医需求。

3. 以积极的心态处理医疗纠纷,维护社会安定

各医疗机构应从维护群众的利益出发,对所发生的医疗纠纷进行分

析讨论，随时总结经验，吸取教训；要对各医疗单位进行全面质量检查，包括安全行医工作；通过加强宏观管理，强化安全行医的意识，保证安全行医，减少医疗纠纷；定期举行法律知识培训，医务人员学习有关法律，熟悉法律条文；有计划地组织专业技术人员开展多种形式的医学技术的学习。此外，医务人员还应加强自身专业技术学习，不断更新知识，提高专业水平，提高为人民服务的质量。

五、城市文化产业

（一）大众传媒建设

大众传媒是一个传播学名词，是大众传播媒介的简称，即新闻传播工具。它指的是传递新闻信息的载体，即报纸、广播、电视、互联网等。西方称之为新闻媒介（News Media）或大众传播媒介（Mass Media）。[1] 大众传播媒介现阶段主要分为两大类：印刷类和电子类。印刷类大众传播媒介主要包括报纸和杂志，电子类则包括广播、电视、网络等。[2]

作为文化产业的重要一环，大众传媒不仅本身具有文化资源的产业性特色，也是其他文化产业传播、宣传的利器。因此，大众传媒建设对于一个省的文化产业发展速度与质量至关重要。为加强全省文化建设与产业化利用，加快城市文化资源的现代化转型，山东省在大众传媒建设上投入较多，也取得了较好的收益。目前，新闻、出版与广播影视联合发展，并在发展中形成了较为成熟的运营体系。

---

[1] 参考《中国大百科全书》"大众传播媒介""新闻传播工具"词条。
[2] 摘选自百度百科。

1. 新闻业

山东省在新闻报道方面,既发挥了主流媒体优势,又走好了亲民道路,取得了不错的成效。

各级广播电视等主流媒体坚持爱国主义总体基调,利用线上、线下两种方式,拓宽新闻报道途径,推出一系列专题专栏、新闻报道、言论评论以及融媒体产品,充分利用公益广告创作征集推广平台,制作刊播优秀爱国主义公益广告作品。

山东省各电视台推出多档方言新闻节目,比如青岛电视台有《徐麟故事会》,山东电视台有《拉呱》。这些节目用老百姓的语言讲老百姓的新闻,让老百姓听得懂、听得开心,与老百姓打成一片,且巧妙融合了齐鲁文化的表现形式。如山东电视台《拉呱》这一节目广为市民所熟知,"拉呱"本身就是山东方言,意为"闲聊",这就从节目名称上拉近了与观众的距离,又别出心裁地采取了山东传统的快书作为播报形式,让人耳目一新。济南电视台新闻综合频道推出的《有么说么新闻大社区》,也是通过方言词汇凸显城市文化特色,不仅让人感到亲切,还在一定程度上表现了政府对城市民俗文化的认同与传承。[1]

2. 出版业

进入21世纪,山东省的新闻出版业始终把社会效益放在首位,不断推进供给侧结构性改革,为社会提供优质的出版产品,实现了社会效益和经济效益双增长的目标。根据山东省广播电视局给出的权威数据,2015年,全省新闻出版业整体向好发展,规模不断扩大,图书出版结构继续优化,出版物发行效益进一步提高。

---

[1] 李丹丹:《齐鲁文化背景下电视方言新闻节目的重构》,《新闻知识》2015年第6期,第77-78+109页。

到2017年,山东省共有图书出版单位18家[1]。各图书出版单位突出主业,积极控制品种数量、优化图书结构、强化图书质量、增加单品种效益,全省图书出版实现营业收入31.73亿元,较上年增加3.57亿元,增长12.68%;利润总额7.5亿元,较上年增加0.25亿元,增长3.45%。新版和重印图书品种继续保持较快增长,共出版新版图书6 334种,重印图书10 075种,重印品种已经超过新版图书品种。鲁版书籍中高质量高水平的原创精品力作不断涌现,图书品牌影响力正不断增强。

目前,山东省图书出版业正处于一个转型升级阶段,随着产业内部供给侧结构性改革的不断深入开展,传统的出版业正积极探索,进一步利用好互联网技术,直面图书市场的新需求和新趋势,紧跟时代要求,定位潜在的目标市场,以满足消费者多样化的需要,开启出版业在新时代的盈利模式。

3. 广播影视业

山东省的影视业辉煌已久。自20世纪80年代开始,山东省制作的电视剧就创造过历史上的"三连冠"的优秀成绩。《武松》《高山下的花环》《今夜有暴风雪》3部剧曾连续3年获得全国电视剧"飞天奖""金鹰奖"一等奖[2],山东省处于广播影视业发展的黄金时期。进入21世纪,在山东省委宣传部正确领导下,涌现出《大染坊》《铁道游击队》《闯关东》《沂蒙》等一系列电视剧精品力作,其中,有33部作品获得"五个一工程奖"以及"飞天奖""金鹰奖"等大小67个奖项。如今,山东省制作出品的影视剧被大家赞誉为"鲁剧",已

---

[1] 本次统计数据还包含黄河出版社、山东出版传媒股份有限公司本部。
[2] 山东省文化和旅游厅:《鲁剧:山东建设文化强省的亮丽名片》,《中国文化报》。

经成为众人皆知的品牌。

近年来，鲁剧持续繁荣，通过推出一批质朴灵动、意义深远的影视作品，鲁剧品牌不断壮大。山东省陆续出台一系列文化体制改革的政策，吸引了社会制作机构加入影视剧的创作行列，也唤起鲁剧从业者及潜在从业者的创作热情，为鲁剧的健康成长创造了良好的政策环境。在此社会背景下，山东影视制作行业吸收了大量社会力量和资金，逐步形成了以公有制为主体、多种所有制共同发展的电视剧产业格局。除了山东影视集团在影视制作上发挥龙头骨干作用外，目前山东省具备电视剧制作资质的社会制作机构发展到94家（其中民营59家、混合所有制制作机构16家），制作出如《红灯记》《辛亥革命》等大量质量过硬、口碑良好的电视剧，已经成为"鲁剧"创作生产的重要力量之一。

基于打造好鲁剧口碑品牌、扩大鲁剧宣传力与影响力的目的，鲁剧在自身发展过程中不断向周边拓展，带动了相关产业的发展，并形成了市场回报丰厚、精神意义重大的文化产业链。比如，电视剧《闯关东》有力地推动了朱开山故乡——山东省章丘市朱家峪的旅游业发展，形成了集吃、住、行、游、购、娱于一体的一条龙旅游服务，同时促进了与之相关的文化资源的开发与宣传。

如今的鲁剧，坚守传统优秀文化的特色与精华，不断对影视产业的体制机制加以革新，实现了社会效益和经济效益双丰收，成为山东省广播影视业中最耀眼的明珠，也早已成为山东文化强省建设的一张亮丽的名片。

（二）文化旅游业建设

文化旅游是时下新兴的概念，并逐渐成为目前旅游业发展的趋势之一。这一现象有其独特的产生原因：随着社会的发展与人民生活水平、知识能力的不断提高，人们对旅游的要求也逐步达到了一个更高的层次，于是文化旅游应运而生。从字面意思来看，文化旅游就是指那些以城市历史文化资源为主要游玩内容的旅游活动，其中既包括山水景观等依托自然而成的文化风貌，也囊括纯粹人为创造的人文建筑、民俗艺术等物质文化遗产。

山东省在旅游业发展方面成效显著，目前国家级全域旅游示范区中，全省有潍坊市青州市、青岛市崂山区、济宁市曲阜市（第一批）、威海市荣成市、临沂市沂南县、烟台市蓬莱区、德州市齐河县、济南市章丘区（第二批）共8个地区入选；省级全域旅游示范区中有章丘区、长清区、淄川区、台儿庄区等15个地区入选[1]。这为山东省下一步大力加强旅游与文化相结合、打造旅游文化新高地提供了坚实的基础。

为了紧随社会发展趋势、紧跟时代潮流，2020年山东省文化和旅游厅制定《山东省文化旅游融合发展规划（2020—2025年）》（以下简称《规划》），并由山东省人民政府印发执行。《规划》从发展环境、总体要求、发展布局、重点任务、保障措施五大方面，对山东省的文旅现状作了详细的剖析与发展安排，由此以红色文化、优秀传统文化为着力点，并提出了打造全域旅游示范省、文化旅游融合发展新高地的发展目标。以"好客山东"为框架，定点打造文化旅游示范区，总体发展红色旅游、海洋旅游、黄河旅游和乡村旅游，已经成为独特的"鲁地模式"。其发展及规划可以从全省和各地市分别来看。

1. 全省定位："好客山东"品牌

"好客山东"这一口号已经在全国各地打出了一定知名度，但值得

---

[1] 宋廷山，郭思亮：《对我省打造全国文化旅游融合发展高地的几点思考》，山东省旅游数据研究会，2020年11月19日.

注意的是，要想成为省级文化品牌，光有好口号并不够，好口碑、好内容、好服务、好宣传都要跟上。"好客"的着力点是旅游接待，细分下来主要包括餐饮美食、景点服务、娱乐购物三大类别。

（1）餐饮美食

作为中国传统四大菜系和八大菜系中唯一的自发型菜系[1]，"八大菜系之首"的鲁菜是我国历史最悠久、技法最丰富、最见功力的菜系。山东利用这一餐饮优势，挖掘各地餐饮特点，加以创新，强化济南派与胶东派两大流派的固有地位，发挥孔府菜、博山菜的地方菜品特色，加强对"九转大肠""泰山三美""当朝一品锅""博山豆腐箱"等知名菜品的多渠道、多途径宣传，如运营传媒热点头条、申报各级荣誉评定、编入中小学课本等。

同时，要带动餐饮业从业人员的积极性、地道菜品传承人的创新性、小吃流动摊位的灵活性，在现实生活中积极创新，在人民需求上灵活供应，以此打响鲁菜的知名度与好口碑，打造鲁菜饮食文化品牌，让"好客山东"在饮食上不仅"好客"，还要"客好"，即好迎客来，请客吃好。

（2）景点服务

在打造旅游景点时，要对文化资源进行多元的开发与利用。做好景点的全方位旅游服务，是对其文化内涵展示的最好途径。山东省摒弃传统单一的"门票经济"，通过在景区设置主题园、风情街等，将景区定位由静态观光层面的单纯游玩转变为吃、喝、玩、住的有机统一体，充分挖掘景区文化内涵，丰富其旅游内容。

枣庄的台儿庄古城是山东省景点服务的优秀范例，通过古城内食宿、观光、娱乐一条龙服务，及古城内融入的台儿庄文化，特别是夜景，吸引并增强了游客游玩的时长与黏度。让建筑说话、让文化说话，全方位

---

[1] 相对于淮扬、川、粤等影响型菜系而言。

介绍台儿庄古城遗迹与历史事件，使文化旅游得到了较好的开发利用。

（3）娱乐购物

为做好文化旅游，山东省为旅客提供丰富的文化娱乐活动，有效利用山东剧院、潍坊富华游乐园、青岛海上嘉年华等各类娱乐活动场所，依托产业融入文化资源底蕴。例如，举办文化表演集会，展现地方曲艺，如山歌、地方剧；建设主题游乐设施，科普山东历史文化、制作山东文化IP产品；联动特色节庆民俗，扩大文化内涵宣传，打造限时文化活动；等等。购物是旅游的一部分，通过购物输出本地文化特色，是山东省文化旅游的一大重点。山东特产品种多，在蔬果菜品方面，烟台苹果、莱阳梨、潍县萝卜、章丘葱都享有盛名，德州扒鸡、泉城二怪（茶汤、甜沫）也独具特色；在生活用品方面，潍坊风筝、章丘黑陶与铁锅均名声在外。将这些传统特色加以梳理归纳并重点扶持，给予市场并提升其市场竞争力，是提升文化旅游实力的重要举措。

2. 各市定位：地域性特色品牌

在"好客山东"的整体品牌下，山东省各地市应当充分发掘自身的特色，依托城市地域性特点，强化城市的独特标签，在文旅发展上各有侧重、互相独立，做好城市特色品牌，如济南的"泉城"品牌、泰安的"岱岳"品牌、青岛的"啤酒"品牌等，在全省总体带领下，17个地级市文化旅游资源已是百花齐放。下面以济南为例，来展示山东省城市文旅建设成果。

（1）文化景区产业

历史文化名城济南有大量的自然特色景观，例如世界独特的"七十二名泉"、古城区建筑群、"山、泉、湖、河、城"的城市风貌等。其中，依托泉水资源而形成的泉水文化更是天下独此一家，"泉城"之美称可谓实至名归。这些自然文化景观被济南市政府逐步开发为风景区后，每年都吸引着无数国内外游客前来游赏。

从济南市2019年国庆黄金周的旅游数据可见济南文化景区旅游盛景的全貌。据济南市统计局、文化和旅游局数据分析，2019年国庆期间济南市共接待游客1 288.4万人次；实现旅游收入117.9亿元。全市重点监测的16家AAAA级以上景区累计接待游客288.58万人次，同比增长14.7%，营业收入1.18亿元。其中天下第一泉景区累计接待游客148.57万人次，同比增长26.7%；千佛山景区累计接待游客29.5万人次，同比增长8.5%；方特东方神画接待游客17.44万人次，同比增长30%；九顶塔景区接待游客14.58万人次，同比增长11.6%；九如山景区接待游客14.59万人次，同比增长7.5%；园博园接待游客13.39万人次，同比增长7.5%；红叶谷、济南野生动物世界等其他景区接待游客与上一年基本持平。假日期间，全市交通客运累计发送旅客188.88万人次，收入1.45亿元（不含民航），同比增加15.1%。全市高速公路小客车通行量达199.84万辆，同比增长24%。[1]

在文化产业与其他产业融合发展的大方向引领下，济南市在旅游业方面早早建立起了"文化＋旅游"的文旅产业融合格局，通过文化资源深化旅游内涵，升级旅游产业的定位；通过面向大众的文化旅游，促进文化产业在旅游方面的发展。在泉水文化上，趵突泉公园集中展示趵突泉泉群，同时泺源堂、娥英祠、尚志楼、李清照纪念馆等人文景观，或古朴典雅，或高大阔朗，与众多名泉、石碑一同承载了济南厚重的文化底蕴。在山脉文化上，拥有从上古到近代悠久历史的AAAA级景区千佛山风景名胜对大众全天开放，革命烈士陵园所在的英雄山风景区则成了爱国主义教育的重点文化区域。

---

[1] 数据来源于济南市旅游联合会和济南市旅游公共服务中心。

（2）娱乐休闲产业——以泉城路步行街为例

近年来，济南市利用文化资源，改造出独具特色的泉城路步行街，积极推动泉城路申创国家级步行街改造提升试点，依托世茂宽厚里、融汇老商埠、印象济南·泉世界等特色街区，打造出有济南特色的娱乐休闲一条街。

同时，济南不断加快百花洲民俗文化展示和体验基地建设，与新媒体直播相结合，利用特色街区文化背景持续策划推出一批具有济南地域色彩与文化场景的文旅直播、商业直播、美食餐饮直播等创意直播活动，让古老的历史文化资源在新媒体直播平台大行其道的今天焕发出新的生机。

（三）文创产品建设

山东作为历史文化资源大省，享有"一山一水一圣人"之称号，具备打造影响力强、市场面广的各类IP文创品牌的天然优势。文化创意产业是面向未来的引领性新兴产业，是山东十大新动能产业之一，在发展上前途无量。2018年2月13日，山东省人民政府发布的《山东省新旧动能转换重大工程实施规划》明确表示，到2022年，文化创意产业增加值力争达到5 600亿元，占地区生产总值的5.6%[1]，这对山东省未来五年的文创产业发展提出了更高的要求。

当下，"文创"一词风靡各领域，各文化资源产业都在争先抢占这一新兴利益高地，为城市文化的发展与转型打开一个新出口，完成对文化资源的现代化利用。故宫口红、敦煌丝巾、西安唐妞等层出不穷，各具特色，不仅展现出中国各地市的文化特色，也昭示着当下产业发展中

---

[1] 山东省人民政府：《山东省新旧动能转换重大工程实施规划》，鲁政发〔2018〕7号。

的"文创热"确已到来。文化是文创的根,文化大省山东对于城市特色文创产品的创造具有相当大的文化资源优势。立足"山水圣人"的品牌,以泰山、黄河与孔子三大重磅IP为重心,以济南泉水、潍坊风筝、菏泽牡丹等特色IP为方向,打造高品质高价值的精美文创,是山东省在文创产业方面的主要方向。

1. 曲阜孔府文创

曲阜立足"三孔"文化,始终坚持"让旅游把'孔府'带回家"的文创理念。山东本土创意公司挖掘孔府文化,开发出卡通玩偶不倒翁"保过君",寓意"诸事顺遂,逢考保过",不倒翁的造型意味着"考不倒"。"保过君"昵称"阿保",这一IP灵感取材于儒家文化,其文创形象是以孔子行教像为原型的一位双手交叉放于胸前行交手礼的少年学子,寓意为做一个"彬彬有礼的儒雅少年"。"保过君"的IP还延伸出了动漫形象,在短视频平台收获了百万粉丝。

围绕孔庙古建筑中等级最高的大成殿上的脊兽,曲阜设计推出了文具、T恤、抱枕、扇子、帽子、摆件等日常用品,让消费者更加了解中国古建筑的文化内涵,展现中国建筑巧夺天工的精美与工匠们一丝不苟的工匠精神。孔府印阁传承创新"中国印",一方面积极推行个性化定制,还推出了一系列印盒、宝宝印、情侣挂坠、玉玺灯、陶瓷印、职务印油等各类周边产品,延伸出印章篆刻教材、固定器、刻刀及印石等篆刻的整条流程产品线。目前企业拥有印章外形包装专利和著作权1 000多项,其篆刻印章产品占据全国三分之一的市场份额;另一方面大力发展互联网线上经营,建立了6家自主网站与100多家众创网点,成功入选天猫品牌库[1],取得了较大成就。

2.济南泉城文创

近些年来,济南市的文创产业随着文化产业的兴起而兴起,目前已经具有一定的规模。着眼于齐鲁文化的独特风韵,济南市对文创的定位非常明确:在创意设计上,要从"城市内涵"与"文化特色"出发;在产品使用上,则坚持实用性与美观性兼顾的原则。

现阶段,可以说济南市的文创类创新创业正焕发着勃勃生机,聚集了大批有想法有头脑的年轻人。例如济南萝卜桃子文化传播有限公司艺术总监陈凌认为,"我们自己城市的文化内涵由自己来打造,在打造的同时还可以作为全国性的独家流量,这就是一个很好的发展方向"[2]。

在首届中国文旅博览会这样的大型展会上,参展的文创企业众多,济南萝卜桃子文化传播有限公司也在此列。展会上各参赛企业的文创产品五花八门,如"洋货儿济南"城市文创产品,以及以天下第一泉为载体,结合李清照、辛弃疾、秦琼等一系列人物打造的泉城系列,等等。当前济南的文创产业热火朝天,文创产品种类早已丰富起来,且能明显看出是以日用类产品为主的,纪念品式的文创已经越来越少。

由此可以看出,目前济南的文创设计方向是努力让文化融入生活,让文化为人们的生活提供便利。

3.文创赛事

2020年7月21日上午,山东出版集团济南国际创新设计产业园启

---

[1] 孙美华:《孔子文创、泰山文创,如何像故宫文创一样火》,《大众日报》,2020年7月21日。
[2] 央广网:《山东济南:文创让文化消费走进生活》,2020年9月8日。

动了 2020 年山东省首届公共文化机构文创大赛。这次赛事由省文化厅和旅游厅联合大众报业集团、山东出版集团、山东艺术学院共同举办，是"五个大家"品牌建设省级重点策划实施的引领性活动项目。

比赛主要采取"社会征集+文创营专题创作"模式，主题是各公共文化机构馆藏资源，如"齐风鲁韵""红色记忆""孔孟之乡""黄河文化""岱青海蓝"等典型文化内容。同时，面向社会各界公开征集文创营协办单位，公开招募文创营营员、导师。

作品征集期间，为扩大赛事宣传影响力，山东省同步举办精品馆藏展、山东地方传统技艺展、文化创意研讨会、高端论坛、设计师"沙龙"等系列活动，并在各门户网站、电视台、自媒体平台投放宣传片，组织大赛推介会，以便吸引文创设计研发人才、海选优秀文创产品、打造文创品牌。

这项赛事鼓励各级公共文化机构从挖掘特色馆藏、创新工作模式、实现跨界融合等方面着手，开发具有鲜明齐鲁特色的文创产品，积极探索公共文化机构文创开发的有效机制，打造文旅融合发展的品牌项目，是激发文化创新思维、营造文化创新氛围、推动全省公共文化机构"文化惠民"工作有效延伸的重要途径。[1]

当下文创正热，要避免文创流于形式，防止文创的低端化、同质化，要将文化创意蕴含在产品之中，让文化创意充满生活、引领生活，这就需要山东省政府紧抓时机，提高文创准入标准，为文创提供政策方向，从而推动市民文化消费的转型升级，同时收获社会效益与经济效益。未来，文化创意产业要与其他产业联合发展，实现"文创+"的融合发展，提高产业链的长度与市场竞争力，是山东省文创产业的必然归宿与光明

---

[1] 刘自锐：《首届山东省公共文化机构文创大赛启动》，中国山东网，2020 年 7 月 22 日。

之路。

（四）非遗技艺建设

山东省作为孔孟之乡，文化底蕴丰厚，民风淳朴，书法绘画、诗词歌赋、音乐舞蹈、戏曲杂技、文物等文化遗产丰富，是中国非物质文化遗产的巨大宝库之一。山东省政府历来对非物质文化重视有加，2007年，山东省非物质文化遗产保护中心经山东省编制委员会批准成立，此后一直坚持"保护为主、抢救第一、合理利用、传承发展"的方针指导具体工作，并鼓励非遗传承人及相关单位自主创业，打造产业价值，强化文化的内生动力。

近年来，山东在全省各地广泛创建教育传承基地、保护示范基地和非遗场馆，并大力推动山东非遗文化的学术研究，目前设置了山东大学文史哲研究院民俗学研究所、山东师范大学齐鲁文化研究中心、山东艺术学院山东民间艺术研究所、山东工艺美院非物质文化遗产研究中心、山东建筑大学齐鲁建筑文化研究中心、山东省艺术研究所、菏泽学院音乐系七大非物质文化遗产研究基地。[1]

现阶段，山东省非遗文化产业化发展在政府大力支持下走势向好，涌现出一批有实力、有创意、有技术的非遗文化公司，较好地实现了非遗技艺的产业化建设，完成了文化资源保护性开发利用的产业转化。

1. 高密市红高粱民俗文化艺术有限公司

高密市红高粱民俗文化艺术有限公司成立于2010年12月，位于高

---

[1]《山东省非物质文化遗产研究基地名单（7个）》，山东省非物质文化遗产保护中心，2020年5月7日。

密市重要的民间艺术基地——高密市姜庄镇。姜庄镇作为"高密三绝"扑灰年画、剪纸和聂家庄泥塑的发源地,民间艺术种类丰富,尚存一大批非遗文化现象与文化产品。红高粱民俗文化艺术有限公司本着保护性开发、创新性发展的原则,以保护带动发展,以发展促进保护,通过制作销售高密特色艺术品,来完成对民间非遗文化艺术的传承与推广。

一方面,该非遗产业公司坚持对文化艺术的传承。不仅补救历史、文化、科研意义深远却逐渐消亡的技艺,也为民间手艺人提供优越的非遗就业工作条件,提高非遗文化产业的就业吸引力。公司鼓励民间艺人带徒授艺,注重培养中青年艺术骨干,为民间艺术绝技补充后备军力量,同时积极为传承人展销作品、交流技艺、开拓艺术视野、增长知识提供各种机会。

另一方面,该公司坚守产业化初心。在制作"高密三绝"等艺术作品时,坚持将艺术品原汁原味、保质保量地完整呈现;对民间非遗技艺做到合理开发、良性利用,在保护与传承的基础上,提高非物质文化遗产自身的"造血""回血"能力,进一步提高非物质文化遗产资源的经济效益,树立起良好的文化口碑。

在健康可持续发展的轨迹上,高密市红高粱民俗文化艺术有限公司不断做大做强。目前,该产业旗下从事传统美术和传统技艺制作的业户有300多家,年总产值近5 000万元。高密市姜庄镇这一民间文化宝库,以红高粱民俗文化艺术有限公司为文化依托平台,找到区域发展新途径,利用文化产业带动周边十几个村庄致富。[1]

---

[1] 高密市红高粱民俗文化艺术有限公司,山东省非物质文化遗产保护中心,2017年1月12日。

2. 聊城市东昌府区福禄缘葫芦工艺制品有限公司

葫芦工艺雕刻是东昌府区的传统技艺，兴盛于清末民初。葫芦原为椭圆形，通过民间工艺加工，如削花、雕刻、刺孔等，制成工艺葫芦，雕刻图案多为古代小说中的场景或花鸟鱼虫，可供观赏。[1]2007年，东昌葫芦雕刻技艺被认定为山东省第一批省级非物质文化遗产。

聊城市东昌府区福禄缘葫芦工艺制品有限公司成立于2007年10月，主要产品就是工艺葫芦，该公司是一个集葫芦种植、研发、设计于一体的综合性企业。自公司成立以来，大力宣传东昌府区非物质文化遗产工艺葫芦的特点，参与成立了东昌葫芦文化协会，并协助东昌府区文化局举办了葫芦文化艺术节，让更多的人认识、了解葫芦文化。

在继承葫芦雕刻传统加工工艺的基础上，公司还与各大院校合作，率先成立聊城市葫芦新工艺研发中心，大力开发城市制作葫芦的潜力，免费给大学生传授制作技艺，积极研发新工艺、新产品，拓宽销售市场。公司先后与中国葫芦协会、美国葫芦协会等国内外发展文化产业的组织建立联系，加强交流和合作。在进行葫芦文化交流的同时，积极拓展国外市场。

2011年，公司生产销售各类葫芦600余万个，实现销售收入380万元，利税130万元。下一步，公司计划扩大种植基地，加强对葫芦原始工艺的钻研和开发，做大、做强葫芦产业，为东昌府区和聊城市的经济发展作出贡献。[2]

---

[1]《葫芦肚里有乾坤——山东聊城东昌府葫芦文化节印象》，《农民日报》第4版，2010年10月1日。
[2] 聊城市东昌府区福禄缘葫芦工艺制品有限公司，山东省非物质文化遗产保护中心，2017年1月12日。

3. 泰山皮影艺术研究院

以皮影"十不闲"绝技而享有盛名的泰山皮影戏，是中国三大皮影戏流派之一，距今已有600多年的历史。2007年，泰山皮影被评为首批国家级非物质文化遗产，2011年被收入世界级非物质文化遗产"中国皮影"名录。中国皮影表演方式不一，多为合作完成，因此皮影界也流传着"七紧、八松、九消停"的俗语，意思是表演皮影戏时，八人合作为佳，七人则后台紧张，九人则人手过多。所谓"十不闲"，是皮影界的一种有1 700多年历史的表演绝活，指一个人身兼数职，"脑中想着词，口中唱着曲，手里舞着人，脚下踩着槌"，把全身都调动起来，独自完成一整台戏的演出。由于"十不闲"非常考验表演者的皮影表演功底，因此该技艺传承人的人数日益减少，此项技艺也正随时代发展而逐渐消亡。据中国文化部统计，在中国只有泰山皮影的第6代传承人范正安先生一人完整继承和保留了中国皮影"十不闲"绝技。[1]

为了继续传承"十不闲"皮影表演绝技，2010年7月，范正安先生创立了泰山皮影艺术研究院，下有"艺术演绎""文化研究与品牌传播""产业开发"三大职能的12个部门，分别负责泰山皮影戏的演出、传承、研发、学术交流工作，以及泰山皮影戏相关产品的研发与销售、泰山皮影产业链的开发与经营。研究院成立后，不断扩大产业的规模，提升了泰山皮影的影响力，着力打造皮影剧场以及开发与皮影相关的文化产业，利用农闲时间，培训当地农民参与皮影工艺品的雕刻加工。目前，研究院拥有6个剧场以及白马石村、徂徕村2个文化产业基地，设计的皮影系列工艺品也十分畅销。

如今，弄影轩剧场已经开始经营，东平水浒城剧场也在2017年5月中旬落成。皮影工艺品年产量达到25 000件，皮影文化产业蒸蒸日上。

---

[1] 参考自"泰山皮影"百度百科。

此外，研究院还将产品向家庭装饰业、服装业等行业延伸，逐步开发了印有泰山皮影的水杯、屏风、灯具和针织衫等文创产品。目前，皮影衍生的文创产品已经与泰山皮影戏形成了一条完整的产业开发链，年产值256万元，利税15.3万元[1]。通过对皮影艺术产业化的挖掘，不仅充分开发了皮影艺术的经济价值，为传承人与其潜在传承人提供了更好的行业前景，也不断扩大了泰山皮影的影响力，提高了大众普及度，提升了泰安市民乃至山东人民的文化自信。

（五）对外传播建设

"酒香也怕巷子深。"文化产业要想做大做强，获取广泛支持与市场，就需要创建良好的文化招商环境，以便为文化产业发展提供资金。因此，有力的对外宣传是文化产业健康发展不可或缺的环节，其主要渠道便是发展文化会展业。

会展业是行业间、地区间和国家间交流与合作的重要纽带，是反映一个区域文化、经济、社会发展状况的晴雨表和风向标，是我国现代服务业的战略先导性产业[2]，也是文化产业对外传播的重要途径。山东省在会展业方面积极融合文化创意产业，让会展有文化内涵，让文化产业通过会展平台的宣传输出文创产品。会展吸引了诸多实力强劲的企业投入文化产业展览，给省内各文化产业的发展提供了过硬的宣传与资金窗口。

2002年前后，山东省会展业发展进入快速增长期，此后一直保持良好的发展势头。据省会展业协会统计，2011年全省共举办展览会571个、

---

[1] 泰山皮影艺术研究院，山东省非物质文化遗产保护中心，2017年1月12日。
[2] 山东省商务厅：《山东省会展业转型升级实施方案》，2016年8月12日。

节庆活动440个、会议433次，全省会展业直接收入达42.48亿元，拉动相关产业收入383亿元。现有主要会展场馆36个，总建筑面积282.2万平方米，室内可供展览面积为100.5万平方米，室外可供展览面积为129.8万平方米，国际标准展位有4.6万个。[1]2015年，举办展览727场，占全国办展数量的7.83%；展出面积为992万平方米，占全国办展面积的8.58%。全省展馆达到44个，居全国首位。以济南、青岛为龙头，以潍坊、烟台、临沂、东营为梯次的地域布局已经初步形成[2]，各地市均对文化会展提出规划要求。

例如，为了加快会展业的创新与发展，山东省临沂市政府出台了2019年1号文件《临沂市人民政府关于支持会展业创新发展的意见》。该文件指出：到2023年，全市会展场馆室内展览面积要达到30万平方米；年展会数量突破150场次，展览总面积300万平方米；有2~3个展览项目荣获国际展览业协会（UFI）认证，有3~5个展览项目达到国内知名、行业领先水平；会展业直接营业收入达到15亿元，拉动相关行业营业收入150亿元；临沂中心城区初步建成区域性会展中心城市，将会展业打造成为推动全市主导产业转型升级和经济社会发展的重要力量。[3]

尽管展馆数量与办展数量遥遥领先，但山东省的会展经济总量仍落后于周边经济较为发达的省市，换言之，山东省会展业现阶段已经做"大"，却尚未做"强"。现今会展场馆虽多且面积大，但建设粗糙、利用率低；会展业依托着丰富的文化资源，但缺乏知名度高、口碑好的

---

[1] 吕文：《山东会展业亟须"冷思考"》，《联合日报》，2012年6月20日。
[2] 苏旭辉：《山东凭啥打造"北方的博鳌论坛"》，《中国贸易报》，2016年8月25日。
[3] 朱永润：《山东临沂发布〈意见〉支持会展业创新发展》，《中国会展》2019年第3期。

品牌；会展业在各地级市间发展不平衡；各地级市的会展业管理机制不完善、不规范，尚无省级的会展业主管部门进行统筹管理。

在对外传播方面，山东省缺少与国际接轨、为产业发展创设广阔文化招商环境的发展布局。对比江苏省南京市，后者已承办八届世界历史文化名城博览会，这一国际文化盛会已经成为南京的一项特色会展品牌、一张崭新的文化名片。它通过不同的文化主题与文化活动，为南京文化国际化提供了窗口和平台，扩大了南京文化的影响力，同时为南京文化产业发展广泛地吸引了国内外的资金支持。将会展变为文化产业传播的强有力手段，正是山东省会展业最缺乏的方面。

当下，山东省正不断优化会展城市文化资源布局，充分利用"互联网+"与物联网发展"智慧会展"。同时，着力整合同质性会展，打造规模大、档次高的核心品牌会展，向外进行更有力的品牌输出；加强整体宣传推介，积极引进国内外的著名会展机构与企业，主动争取区域性、国际性峰会的承办资格，深化与国际会展集团的全方位多层次合作，力图与国际会展业接轨，打造高端论坛式会议，加快提升会展业发展的专业化格局，提高会展业专业化、标准化、规范化水平。

后　　记

　　山东师范大学历史文化学院的吴爱华、万文元、赵健蕾、王雨迪、柴亚君、赵雨晴同学协助进行了资料搜集和整理的工作，为本书的写作贡献了力量。

　　在本书的写作过程中，我们参考并借鉴了国内外相关的研究成果，再次向这些成果的作者表示深深的感谢。尽管付出了很大的努力，但书中难免存在疏漏和不足，恳请读者不吝赐教，提出批评和修改建议。